思想的・睿智的・獨見的

經典名著文庫

學術評議

策劃　楊榮川

五南圖書出版公司 印行

經典名著文庫

學術評議者簡介（依姓氏筆畫排序）

經典名著文庫030

自由主義

倫納德・特里勞尼・霍布豪斯 著
（Leonard Trelawney Hobhouse）

朱曾汶 譯

經典永恆・名著常在

五十週年的獻禮・「經典名著文庫」出版緣起

總策劃 楊榮川

五南，五十年了。半個世紀，人生旅程的一大半，我們走過來了。不敢說有多大成就，至少沒有凋零。

五南忝爲學術出版的一員，在大專教材、學術專著、知識讀本出版已逾壹萬參仟種之後，面對著當今圖書界媚俗的追逐、淺碟化的內容以及碎片化的資訊圖景當中，我們思索著：邁向百年的未來歷程裡，我們能爲知識界、文化學術界做些什麼？在速食文化的生態下，有什麼值得讓人雋永品味的？

歷代經典．當今名著，經過時間的洗禮，千錘百鍊，流傳至今，光芒耀人；不僅使我們能領悟前人的智慧，同時也增深加廣我們思考的深度與視野。十九世紀唯意志論開創者叔本華，在其〈論閱讀和書籍〉文中指出：「對任何時代所謂的暢銷書要持謹慎的態度。」他覺得讀書應該精挑細選，把時間用來閱讀那些「古今中外的偉大人物的著作」，閱讀那些「站在人類之巔的著作及享受不朽聲譽的人們的作品」。閱讀就要「讀原著」，是他的體悟。他甚至認爲，閱讀經典原著，勝過於親炙教誨。他說：

> 「一個人的著作是這個人的思想菁華。所以，儘管一個人具有偉大的思想能力，但閱讀這個人的著作總會比與這個人的交往獲得更多的內容。就最重要的方面而言，閱讀這些著作的確可以取代，甚至遠遠超過與這個人的近身交往。」

爲什麼？原因正在於這些著作正是他思想的完整呈現，是他所有的思考、研究和學習的結果；而與這個人的交往卻是片斷的、支離的、隨機的。何況，想與之交談，如今時空，只能徒呼負負，空留神往而已。

三十歲就當芝加哥大學校長、四十六歲榮任名譽校長的赫欽斯（Robert M. Hutchins, 1899-1977），是力倡人文教育的大師。「教育要教眞理」，是其名言，強調「經典就是人文教育最佳的方式」。他認爲：

> 「西方學術思想傳遞下來的永恆學識，即那些不因時代變遷而有所減損其價值

的古代經典及現代名著，乃是眞正的文化菁華所在。」

這些經典在一定程度上代表西方文明發展的軌跡，故而他爲大學擬訂了從柏拉圖的《理想國》，以至愛因斯坦的《相對論》，構成著名的「大學百本經典名著課程」。成爲大學通識教育課程的典範。

歷代經典‧當今名著，超越了時空，價值永恆。五南跟業界一樣，過去已偶有引進，但都未系統化的完整舖陳。我們決心投入巨資，有計畫的系統梳選，成立「經典名著文庫」，希望收入古今中外思想性的、充滿睿智與獨見的經典、名著，包括：

- 歷經千百年的時間洗禮，依然耀明的著作。遠溯二千三百年前，亞里斯多德的《尼各馬科倫理學》、柏拉圖的《理想國》，還有奧古斯丁的《懺悔錄》。
- 聲震寰宇、澤流遐裔的著作。西方哲學不用說，東方哲學中，我國的孔孟、老莊哲學，古印度毗耶娑（Vyāsa）的《薄伽梵歌》、日本鈴木大拙的《禪與心理分析》，都不缺漏。
- 成就一家之言，獨領風騷之名著。諸如伽森狄（Pierre Gassendi）與笛卡兒論戰的《對笛卡兒沉思錄的詰難》、達爾文（Darwin）的《物種起源》、米塞斯（Mises）的《人的行爲》，以至當今印度獲得諾貝爾經濟學獎阿馬蒂亞‧

森（Amartya Sen）的《貧困與饑荒》，及法國當代的哲學家及漢學家余蓮（François Jullien）的《功效論》。

梳選的書目已超過七百種，初期計劃首爲三百種。先從思想性的經典開始，漸次及於專業性的論著。「江山代有才人出，各領風騷數百年」，這是一項理想性的、永續性的巨大出版工程。不在意讀者的眾寡，只考慮它的學術價值，力求完整展現先哲思想的軌跡。雖然不符合商業經營模式的考量，但只要能爲知識界開啓一片智慧之窗，營造一座百花綻放的世界文明公園，任君遨遊、取菁吸蜜、嘉惠學子，於願足矣！

最後，要感謝學界的支持與熱心參與。擔任「學術評議」的專家，義務的提供建言；各書「導讀」的撰寫者，不計代價地導引讀者進入堂奧；而著譯者日以繼夜，伏案疾書，更是辛苦，感謝你們。也期待熱心文化傳承的智者參與耕耘，共同經營這座「世界文明公園」。如能得到廣大讀者的共鳴與滋潤，那麼經典永恆，名著常在。就不是夢想了！

二〇一七年八月一日 於

五南圖書出版公司

導讀

有機的社會，理性自律的個人——霍布豪斯的社會自由主義

台灣大學政治學系教授 陳思賢

英國社會理論家霍布豪斯早生了一百年，否則他的思想在今日應是顯學吧？大家把他的自由主義思想歸類爲「社會自由主義」（或譯自由社會主義）（Social Liberalism），其實就是「福利國家」政治的先驅。今日我們都已知道，古典自由主義因爲立基於原子化的個人與私有財產權至上這兩個原則，其「自由放任」（Laissez-faire）哲學與最小政府的治理方式，會造成社會極大的不平等；而社會主義在二十世紀進行試驗的歷史，也證明了國家統制經濟的不可行。因此，約莫從半個多世紀前開始，人類彷彿摸索到了一條中間又務實的道路，那就是打造一個「功能性政府」以適度介入財產重分配與照顧弱勢，這就是「福利國家」。霍布豪斯與和他理念相近的一些前後輩，正是這種制度背後精神之創建者。

近代以降，英國在急遽工業化與資本主義化的進程中，造就了進步、財富與繁榮，但

也帶來了不少社會問題（以及社會學的興起），例如勞工處境的艱辛與財富分配的不公。但隨著選舉權的擴散與海外市場的擴大，這些問題又引發了政治與經濟上的快速變化。英國的自由主義思想家中，從約翰・彌爾（J. S. Mill）開始，致力修正古典自由主義一切任由「自由市場」來調節、國家不加干預的主張，提倡平等、社會公義與保護弱勢，格林（T. H. Green）繼之而且更加偏向了社會主義的立場，他們兩人都對於霍布豪斯影響很大。於是這三人形成了所謂英國社會自由主義傳統的早期骨幹。在近世政治思想的發展演進歷史上，英國是個奇妙的國家：它不但是自由主義的誕生地，而馬克思的《資本論》泰半也在倫敦完成，現在綜合了前兩者價值關懷的折衷路線——社會自由主義，亦在英國首先醞釀出來；「社會民主」這種現在被大家普遍接受的東西，就是在英國政治舞台上演化出來的（我們可以想想費邊社的例子），顯然英國是個兼容並蓄的地方。也因爲社會民主與福利國家思想的衝擊，英國得以克服若干在快速工業化下產生的社會失調現象，順利地從傳統社會轉型爲高度發達工業化國家。

霍布豪斯理想中的自由主義是如何的呢？這就首先要看他是怎樣理解「社會」這個東西。他成長於十九世紀末葉，受到當時開始出現的社會學影響很大；與他同時代的大多數自由主義思想乃立基於哲學的進路來解釋個人自由在群體社會中的意涵，但他卻採用社會學的觀點來看這個問題。對他來說，人類社會是一個整體，一個有機體，不斷地演化，而個人在這個有機體中也持續成長與發展。於是個人與社會間的關係就是緊密而動態的：社會的本質決定個人的幸福，而個人的素質也決定社會的體質。社會需要和諧，個人的精神才能發展，而這兩者的前提都是自由。所以霍布豪斯首先是個自由主義者。但是社會要和諧，「原子化個人式的自由主義立場」是無法使其達成的，這是因爲完全的競爭，使得平等不易。霍布豪斯作爲一個社會學家，他以不同的方式來看待自由，他認爲自由是一個「社會性因素」，不是那個完全附著於個人生命的所謂「天賦人權」概念即能包涵之：自由關心的同時是個人、家庭和國家。也就是說，「民主政治不是單單建立在個人的權利或是私人利益上面的……民主政治同樣也建立在個人作爲社會一員的職責上。它把共同利益建立在共同意志上，同時囑咐每一個聰明的成年人扮演一個角色。」自由是在具體社會生活的各個面向上湧現出來的，因此跟特定社會的脈絡與肌理息息相關，各類制度如果不能公義平等，則自由將無由著根。

霍布豪斯所謂的制度上的公義，包括了「公民自由」（法治與司法平等），「財政自由」（賦稅合理）、「人身自由」（思想、宗教自由）、「社會自由」（階級流動與性別平等）、「經濟自由」（自由貿易、合理勞資關係與勞動環境）、「家庭自由」（家庭內的平等與兒童的保護）、「地方自由、種族自由和民族自由」（種族平等與民族自決或包容）、「國際自由」（和平主義）與「政治自由和人民主權」（負責任的公民與合理的人民主權行使方式）。

對霍布豪斯來說，自由主義思想的核心要素乃是這樣的信念：社會應該讓個人可以培養出自我管理的能力（不論這稱爲「個性」personality、「意志」will或是「自我控制」self-control），自發性地引導自己的生活，以便能自我成長，也可與他人和睦相處。一個眞正的社會應當建立在每個人都擁有「自我引導能力」（the self-directing power of personality）這個基礎上，而因爲這種能力是如此的重要，無論我們投入多少氣力與花多少代價去建立它，都是值得的。

這種對於自由的看法，來自於對於人類「個性」（personality）的理解。霍布豪斯認爲，一個人的「個性」是獨立而不斷成長發展、「鮮活、有生命力」的東西，它可以被禁錮終結掉，卻不能被製造模塑出來。「不能將其打碎了又重新補好，但能置於使其蓬勃發展的條件之下」。「或者，個性如果有病，也可以創造適合條件，使其透過本身的復原力而痊癒」。自由的基礎是「不斷成長」這個觀念！生命是學習，「但是無論在理論還是實踐上，一個人眞正學到的東西是他所吸收的東西，而他所吸收的東西則賴於他本人對周圍環境所花的力量來決定」。一個理想的社會，就是每個人時刻「學習」、「成長」，成爲自主而理性的個體。

自由，因此不是指個人的權利，而是建構一個社會所需之要素。它不是指別人對我們的「不侵犯」，而是指別人需對我們可作爲一個「理性行爲者」的尊重。因此，所謂自由不是獨善其身、無視犯罪或是罔顧錯謬的存在，而是必須要將犯罪者（或是因無知而犯錯者）視爲有理性能力可以接受眞理、分辨是非者，所以要導引他們改過遷善，而不是加以打擊懲處。因此自由的法則乃是讓每個人都能實現其理性。讓所有人都能訴諸「理性」（reason）、發揮「想像力」（imagination）與凝聚「社會情感」（social feeling），除此以外社會不會進步。

也就是說，社會持續發展的堅實基礎，在於許多理性自律的個人的連結；若沒有這個基礎，社會將無法穩固和諧，遑論持續發展。讓每個人的理性可以發揚，而成爲個人自律的根基，是一個社會須要做的，也因此，社會須要有自由這個東西，使人「自由」地發展個性與理性，以便實現社會道德。這樣的觀念，很不同於將自由視爲是「個人不得被侵犯的權利」。二十世紀時英國思想家柏林（Isaiah Berlin）曾將自由區分爲「積極」（positive）與「消極」（negative）自由，而這大概就是較爲接近積極自由的意涵。

也因爲霍布豪斯對自由的看法是如此，所以他在處理個人自由對抗國家權威這個古老問題時，他可以跳出他的時代——自由主義思想昂揚昌盛的時代，把兩者間關係作出「辯證式」的解釋。他認爲國家要保護個人在思想、精神、身體、財產方面的自由，但是個人也對這個社會與國家負有維護其文明發展與關注公共事務、提升共同福祉的道德義務。換句話說，國家所保護的個人，就是回過頭來保護國家的人；個人如果在某個社會之內成就了自由與理性的生活，他就必須飲水思源，貢獻其心智與能力於這個社會的公共事務或是福祉，讓這個社會可以持續地、更完善地照顧下一代的個人。在他的自由主義中，權利與義務、個人與社會，是一體的兩面，互相定義。這種辯證的視野，就不同於古典自由主義的偏重於「消極自由」或是「自由放任」（libertarian）的「保護個人」意涵。

當然，他會有這樣的自由觀，一定是受到了人類群體生活之「有機」、「和諧」與「共同福祉」這些觀念的影響。這些觀念的背後，應該有著一個「生物學」的概念，就是社會——與個人一樣——也是「生命體」，社會也會進化或是退化。

雖然他的社會自由主義與達爾文（Charles Darwin）及斯賓塞（Herbert Spencer）的「優勝劣敗」、「適者生存」不同調，但是我們卻可以合理懷疑「發展」與「演化」這些觀念對他的影響。十九世紀末，自然科學與生物學等，對於社會理論的啓發是明顯的（其實到今日亦然，結構功能論、系統理論、控制論等都影響社會理論）。「天賦人權」當初本來是洛克這些理論家用來抗衡專制王權與君權神授的概念，充滿了神學的意涵，也帶出了「財產權神聖」的觀念，因而成爲古典自由主義的神主牌。霍布豪斯等「社會自由主義」理論家，卻加入了社會學、生物學等這些近代的觀念，來構思一個理想社會的運作方式，他們捍衛「天賦人權」概念，卻不被它帶入「自由放任」與「最小政府」的框架內，這可謂是近代社會哲學的一個新典範。古典自由主義是「天賦人權」概念的合理演繹，順其道而行的「自然」結果；而「社會自由主義」卻圖謀在人文社會的現實環境下實現「天賦人權」的目標，因此將此概念賦予新義——經由對個人與社會之本質重新詮釋。所以說，這個新典範在方法上是「社會的」、「演化的」而非「自然」的，它先天上帶著科際整合的特質與人文化成的氣味。前一代自由主義思想家的方法論視野如果算是「平面的」，那他們大概可稱爲是「立體的」。霍布豪斯的這種理論創新可能不只歸功於他個人在學理與實踐上都極富於經驗；因他所處時代的學術思想與文化氛圍是活躍、創新與追求新知的，所以我們可能也要注意發生在他身上的類似「知識社會學」式的影響。

目次

導讀 有機的社會，理性自律的個人——霍布豪斯的社會自由主義……9
第一章 在自由主義以前……19
第二章 自由主義諸要素……29
第三章 理論的發展……49
第四章 自由放任主義……69
第五章 格萊斯頓和彌爾……85
第六章 自由主義的核心……97
第七章 國家和個人……113
第八章 經濟自由主義……133
第九章 自由主義的未來……163

第一章 在自由主義以前

現代國家是一種具獨一無二文化的特殊產物。但是這種產物仍在製造之中，一部分製造過程乃是社會秩序新舊原則之間的鬥爭。我們的主要目的是了解新原則，但是要了解新原則，就必須先對舊原則作一回顧。我們必須了解舊的社會結構是怎樣的，而舊的社會結構，如我將說明的，主要在自由主義思想的鼓舞下，正在緩慢而穩當地被公民國家此一新的組織所取代。舊的結構本身絕對不是原始的。什麼叫眞正原始是很難認定的。但是有一點十分清楚。無論什麼時候，人總是生活在社會裡，每一種社會組織都以親屬關係和簡單的鄰居關係爲基礎。在最簡單的社會裡，這些關係——可能被宗教或其他信仰所加強和擴展——也許是唯一有重要意義的關係。血統的「經」和通婚的「緯」織成了一張網，從這張網當中產生了許多小而粗糙但卻緊密的團體。但是親屬關係和鄰居關係只在小範圍內才起作用。地方集團、家族或村社往往是朝氣蓬勃的生活中心，較大的部落聚集體卻很難達到眞正的社會團結和政治團結，除非以軍事組織爲基礎。但是軍事組織既可以把一個部落聯合起來，同樣也可以使其他部落處於屈從地位，從而以原始生活中最寶貴的東西爲代價，建立一個更大同時更有秩序的社會。這樣一種秩序一旦建立以後，當然並不以赤裸裸的武力爲基礎。統治者們開始擁有一種神聖不可侵犯的權力。這可能因爲他們是神或神的後代，也可能因爲他們受到全體祭司的祝福和支持。無論在哪種情況下，他們不僅有權掌握人們的肉體，而且有權掌握人們的精神。他們是上帝任命的，因爲各種聖職都由他們授派。這樣的政府不一定與百姓水火不容，也不一定對百姓漠不關心。但它主要是高高在上的政府。就它影響人民生活而言，它按照它自以爲明智並對它有利的原則爲人民規定義務，例如服兵役、納貢、服從法令乃至新的法律。某一法理學派認爲法律是上級對下級發出的命令，並以懲罰制裁爲後盾，這種看法是不正確的。但是，儘管這對一般法律來說是不正確的，用來形容那一特定社會階段卻大致是正確的，這個階段我們可以很簡單地稱之爲權力主義時期。

在世界大部分地方以及在歷史上大多數時候，存在著的就只有上面所區分的這兩種社會組織。當然，兩種社會組織本身在細微處可以有許多變異，但是往這些變異的深處看，就只看到這兩種交替出現的類型。一種是小的親屬集團，本身往往非常強勁，但是在採取一致行動方面卻軟弱無力。另一種是較大的社會，其幅員大小和文明程度從一個小的黑人王國到龐大的中華帝國（Chinese Empire）各不相同，它們以某種軍事力量和宗教或準宗教信仰的聯合爲基礎，我們給它取一個名字，叫做權力原則（principle of authority）。在文明較低階段，照例只有用這個方法鎮壓敵對民族的抗爭，在共同的敵人前維護邊界，或建立外部秩序。不實行權力統治，就只能重新回到相對較原始的無政府狀態。

但是古代也出現了另外一種方法。古希臘（Greece）和義大利（Italy）的城邦是一種新型的社會組織。它在幾個方面與氏族和村社不同。第一，城邦包含許多氏族和村社，其起源也許在於幾個氏族——不是在征服而是在比較平等的聯盟基礎上合併起來的。雖然城邦與一個古代帝國或一個現代國家相比顯得很小，但是比一個原始的宗族卻大得多。城邦的生活更加複雜多變。它容許個人有更多的自由發揮機會，在它發展的過程中，確實也鎮壓了一些老的氏族組織，並以新的地理的或其他方面的劃分來代替。事實上，城邦不是以親屬關係爲基礎，而是以公民權利（civil right）爲基礎，就是這一點使它不僅有別於公社，而且也有別於東方的君主國。它所承認並賴以生存的法律不是上級政府對下屬百姓發布的命令。相反地，政府本身也服從法律，法律是城邦的生命，受到全體自由公民的自願支持。此意謂著，城邦是一個自由人的共同體。從集體意義上說，其公民是沒有主人的。他們自己統治自己，只服從一些生活中的規章，這些規章是古時候傳下來的，由於歷代人忠心耿耿地執行而具有力量。在這樣一個共同體中，有些最令我們傷腦筋的問題是以一種非常簡單的形式提出的。尤其個人與共同體的關係是緊密、直接和自然的。他們的利益顯然是結合在一起的。除非每個人都盡到自己的義務，否則城邦就很容易被破壞，並使人民遭到奴役。除非城邦爲人民著想，否則它就很容易衰亡。更加重要的是，當時沒有教會和國家的對立，沒有政治生活和宗教生活之間的分歧，沒有宗教和非宗教之間的分歧，來致使公民無法盡到效忠義務，使內在良心之力反對國家的義務。要把這樣一個共同體形容爲人們由於希望生活得好而聯合起來，不必藉助哲學的想像，只要相當簡單和自然地說明事實就行了。我們如今正在致力恢復的理想，在古希臘的生活條件下自然而然地就實現了。

另一方面，這個簡單的聯合有極其嚴重的局限性，最終導致城邦制崩潰。聯合生活的責任特權不是奠基於人類個性的權利，而是奠基於公民身分的權利，而公民身分從來不跟著社會一同擴展。居民中包括奴隸或農奴，在許多城邦中有大批原先被征服的人的後代，他們本身是自由的，但被排斥在統治圈子之外。儘管社會狀況相當單純，城邦卻經常被派系糾紛分裂——一部分也許是老的氏族組織遺留下來的影響，一部分也許是財富的增長和新的階級劃分的結果。派系的弊病因城邦處理各城邦間關係問題失當而變本加厲。希臘城邦堅持其自治權，雖然本來可能解決問題的聯邦原則最終被採用，但是在希臘歷史上爲時已晚，挽救不了城邦的命運。

羅馬（Rome）的建設性天才想出了一種不同的方法來應付日益擴大的關係中所包含的政治問題。羅馬公民身分被擴大到包括整個義大利，後來又擴大到包括地中海（Mediterranean）流域的全部自由人。但是這種擴大對於城邦的自治甚至更爲致命。義大利人無法在羅馬廣場（Rome Forum）或馬斯平原集會以選舉執政官和通過法律，公民身分擴大得愈廣泛，對政治目的也愈無價值。事實上，羅馬的歷史可以當作一個絕好的例證，它說明，要建立一個大帝國，只能以依靠軍事力量的個人獨裁爲基礎，並以有效的官僚機制來維持和平與秩序，除此之外，要在任何其他基礎上建立這個帝國，是何等的困難。在這個巨大的機構中，軍隊是權力的中心，或者不如說，每支駐紮在某個遙遠邊境基地上的軍隊都是一個潛在的權力中心。一個早已公開的「帝國的祕密」是：羅馬以外的任何一個地方都可以立一個皇帝，雖然當皇帝的人始終有點神聖，法學家也念念不忘皇帝體現人民意志這一理論，事實卻是：皇帝是由一支強大的軍隊選中的，由戰神批准，只要能夠鎮壓任何敵對的覬覦王位者，就能保持權力。帝國在持續的戰爭中迅速解體，這倒不是因爲邊境內外都存在著野蠻暴虐。爲了恢復秩序，中央和地方權力之間的妥協必不可少，封建主就成了一地之君，效忠於一位遠方的君主，忠誠程度則視情況而定。在這同時，由於秩序普遍混亂，西歐大部分人民失去了自由，一來是由於被征服，二來是由於在亂世必須找到一個保護者。中世紀的社會結構於是便採取了我們稱之爲封建制度（Feudal System）的等級形式。在這個澈底應用權力原則的過程中，每個人在理論上都有他的主人。農奴聽命於地主，地主聽命於大莊園主，大莊園主聽命於國王，國王聽命於皇帝，皇帝由教皇加冕，教皇聽命於聖彼得（St. Peter）。從宇宙的統治者到最卑微的農奴，門第的鏈子算是完成了。[1]但是在這個體系裡，工商業的興起提出了新的自由中心。人們在城市裡重新學習有關聯合起來進行共同防禦和管理共同利益的課程，這些城市從貴族或國王那裡獲得了權利特許狀，甚至在歐洲大陸成功地建立起完全的獨立。英國（England）從一〇六六年被威廉征服後，中央權力最爲強大，但即便在英國，城市也由於許多原因變成了自治的共同體。城邦又重新誕生，隨之而來的是活動激增，文藝復興、古代學問重新發現、哲學和科學再生。

中世紀的城邦比古代的城邦優越，主要在於奴隸制度在其生存中不是一個重要因素。相反地，透過歡迎逃亡的農奴，爲其自由辯護，大大促成了較溫和的奴役制的滅亡。但是，和古代的城邦一樣，它被內部派系鬥爭嚴重地、永久性地削弱，而且和古代城邦一樣，其成員的特權不是奠基於人類個性的權利，而是以公民的責任爲基礎。城市的自由只限於「特許權」，亦即通過特許狀獲得的公司權利以及從國王或封建主那裡爭取到的權利，其中包括行會和同業公會的權利，這些權利只有作爲這些集體成員的人們才能享受。但是城邦的眞正弱點依然是它的孤立。它僅僅是一代又一代變得愈益強大的封建社會邊界上（實際上是在邊界內）一個相對自由的小島。隨著交通的發達和生活藝術的提高，中央權力〔尤其在法國（France）和英國〕開始超過封建主。封建主的反抗和騷亂被鎮壓下去，到十五世紀末，龐大的、統一的國家（現代國家的基礎）已開始存在。它們的出現意味著社會秩序的擴大，在某些方面更意味著社會秩序的改進。在早期階段，它贊成公民自治，鎮壓地方無政府主義和封建特權。但是中央集權的發展最終是和公民獨立的精神不相容的，不利於國王及封建主之間早期的鬥爭爲全體人民獲得的政治權利。

於是，我們進入了現代時期，這個時期的社會建立在一個絕對權力主義的基礎上。國王的權力至高無上，並傾向於專制獨裁。在國王以下，從大地主直至幹零活的工人，分成許多社會等級。這個時期較諸早期的社會有一點不同。金字塔的底部是一個至少擁有人身自由的階級。農奴制（Serfdom）在英國實際上已經消失，在法國大部分地方不是消亡了，就是削弱成爲土地保有權的某些可憎的財產附帶權。另一方面，英國農民開始脫離土地，爲這個國家日後將發生的社會問題奠定了基礎。

現代國家是從一種權力主義制度的基礎開始的，那種制度提出抗議，從宗教、政治、經濟、社會以及倫理道德種種方面提出抗議，這就是自由主義（Liberalism）的歷史性開端。因此，自由主義最初是作爲一種批判出現的，有時甚至作爲一種破壞性的、革命性的批判。有很長的一段時間，它的主要作用是消極的。它的任務似乎是破壞而不是建設，是去除阻礙人類前進的障礙而不是指出積極的努力方向或製造文明的框架。它發現人類受到壓迫，立志要使其獲得自由。它發現人民在專制統治下呻吟，或國家正受到一個征服者的蹂躪，或工業受到社會特權阻撓或被賦稅摧殘，就提供救濟。它到處消除自上而下的壓力，砸爛桎梏，清除障礙。等破壞完成以後，它是不是也會致力於必要的重建？自由主義的本質到底是建設性的抑或僅僅是破壞性的？它是否具有永久性的意義？它是否表達了社會生活的某些重大眞相，抑或只是西歐特殊環境所造成的暫時現象？它的任務是否已經完成，只須心安理得地把火炬交給一個更新的、更有建設性的原理，自己便功成身退，或者偶爾尋找一些更落後的地方來進行傳教工作？這些都在我們需要回答的問題之列。眼下，我們只須指出自由主義起源的環境，就足以解釋爲什麼批判性和破壞性的工作占主要地位，而無須由此推斷出缺少最終的重建力。事實上，無論是藉助自由主義還是透過人類的保守本能，重建工作始終是和破壞工作同時進行的，而且將會一代比一代更加重要。現代國家，如我將要說明的，大大有助於使自由主義諸要素融會貫通，等我們懂得了這些要素，明白它們在何種程度上已獲得實現，我們就能更加地理解自由主義諸要素，並解答其永久性價值的問題。

◆**註解**◆

【1】這當然只是中世紀理論的一個面向，但是這個面向最接近於事實。在中世紀，在古典傳統的影響下，出現了一種相反的觀點，認為政府的權力來自被統治者。但是它的主要影響和重要性在於它被當作後來一種思想的起點。關於這整個問題，讀者可參閱吉爾克（**Gierke**）的《中世紀的政治理論》（*Political Theories of the Middle Age*），劍橋大學出版社出版，梅特蘭譯。

第二章 自由主義諸要素

這裡我無法對自由主義運動的歷史發展作一全面闡述，而只能扼要介紹它攻擊舊秩序的幾個要點以及指引自由主義運動前進的幾種基本思想。

一、公民自由

從邏輯發展以及歷史意義上來看，第一個攻擊點是專制統治，第一項要爭取的自由是按照法律對待的權利。一個人對另一個人沒有合法權利，完全受另一人支配，被那人隨意擺布，就是那人的奴隸。他是「無權」，沒有權利。如今，在某些野蠻的君主國裡，在臣民與君主的關係中，往往實行這種無權制度。在這些國家裡，人們雖然彼此間照慣例享有人身權利和財產權利，但是對於國王卻根本沒有權利，全憑國王個人的好惡來決定一切。歐洲君主或大莊園的領主從未公開承認享有過這種權力，但是歐洲政府在各個時候和各個方面卻曾行使過或要求過原則上不遜於專制程度的權力。例如，正常的法院是以正常的審判形式對一個人犯下的特定罪行施加特定的刑罰，專制政府卻按照本身的意願和好惡，採取逮捕、拘留和懲罰等等法律以外的方式。今天的俄國以「行政」手段施加的懲罰就屬於這種性質；舊制度下的法國以「密信」（lettre de cachet）[1]實行監禁也屬於這種性質；叛亂時期以所謂軍法名義實行的一切處決，以及愛爾蘭（**Ireland**）中止執行各種即時和公正的審判，都屬於這種性質。這種形式的專制政府是十七世紀英國議會的第一批攻擊目標之一，人民的第一種自由得到了《權利請願書》（*Petition of Right*）以及《人身保護法》（*Habeas Corpus Act*）的確認。值得注意的是，這自由的第一步實際上正是要求法治。「處於政府之下的人們的自由」洛克（Locke）在總結整整一章關於十七世紀的爭論時說：「是要有一個長期有效的規則作爲生活的準繩，這種規則由社會所建立的立法機關制定，並爲社會的一切成員共同遵守。」

也就是說，普遍自由的第一個條件是一定程度的普遍限制。沒有這種限制，有些人可能自由，另一些人卻不自由。一個人也許能夠照自己的意願行事，而其餘的人除了這個人認爲可以容許的意願以外，卻無其他意願可言。換言之，自由統治的首要條件是：不是由統治者獨斷獨行，而是由明文規定的法律實行統治，統治者本人也必須遵守法律。我們可以從中得出一個重要結論，即自由和法律之間沒有根本性的對立。相反地，法律之於自由是必不可少的。當然，法律對個人施加限制，因此它在一個特定時候和一個特定方面與個人的自由是對立的。但是，法律同樣也限制他人隨心所欲地處置個人。法律使個人解除了對恣意侵犯或壓迫的恐懼，而這確實是整個社會能夠獲得自由的唯一方法和唯一意義。

這番道理中有一個先決條件不容忽視。在假定法治保證全社會享有自由時，我們是假定法治是不偏不倚、大公無私的。如果一條法律是對政府的，另一條是對百姓的；一條是對貴族的，另一條是對平民的；一條是對富人的，另一條是對窮人的；那麼，法律就不能保證所有的人都享有自由。就這一點來說，自由意味著平等。正因爲如此，自由主義才要求有一種能保證公正地實施法律的訴訟程序；才要求司法部門獨立，以保證政府及百姓之間處於平等地位；才要求訴訟收費低廉，法院大門敞開；才要求廢除階級特權。[2]到時候還會要求廢除以金錢收買老練律師的權力。

二、財政自由

與司法自由緊密相連，在日常生活中更普遍感受到的，是財政自由問題。斯圖亞特王朝（The Stuarts）橫徵暴斂，使英國的事態陷於危機。無獨有偶，喬治三世（George III）也以同樣的方法，使美國的事態陷於危機。法國大革命（French Revolution）的直接原因是貴族和教士拒絕承擔他們的一份財政義務。但是財政自由比司法自由提出更多尖銳的問題。以一項普遍和公正地實施的法律來規定捐稅是不夠的，因爲捐稅按照公共需要而每年都有所不同，其他法律可以無限期地保持穩定不變，捐稅卻理所當然地必須隨時調整。嚴格地說，這是行政機關的問題，而不是立法機關的問題。因此，百姓在財務方面的自由就意味著對行政機關施加限制，不僅是依靠明文規定的法律，而且還要依靠更加直接和經常的監督。換句話說，這意味著責任政府制，讓我們聽見「無代表，不納稅」的呼聲遠超過「無代表，不立法」的呼聲。因此，從十七世紀開始，財政自由就包含著所謂的政治自由。

三、人身自由

政治自由放在本章最後談較爲方便，這裡要先指出，另外還有一條路可以達到而且事實上已經達到政治自由。誠如我們所知，法治是走向自由的第一步。一個人被他人控制是不自由的，只有當他被全社會必須服從的原則和規則所規範時才是自由的，因爲社會是自由人的眞正主人。但這僅僅是問題的開端。也許有法律，也許不像斯圖亞特王朝那樣罔顧法律，然而，第一，法律的制定和維護可能取決於最高統治者或寡頭統治集團的意志；第二，法律的內容對少數人、多數人或除了那些制定法律的人以外的所有人可能是不公正的和壓制性的。第一點涉及我們暫緩討論的政治自由問題，第二點則提出了占有自由主義大部分歷史的那些問題，要解決這些問題，我們必須問：哪種類型的法律被認爲是特別壓制性的，在哪些方面必須不僅通過法律，而且還必須通過廢除壞的法律和暴虐統治來爭取自由。

第一，存在著一個所謂人身自由領域，這個領域很難說清楚，但它是人類最深沉的感覺和激情最猛烈的鬥爭場所。其基礎是思想自由——一個人自己頭腦裡形成的想法不受他人審訊[3]——必須由自己來統治的內在堡壘。但是，要是沒有思想交流的自由，思想自由就沒有什麼用處，因爲思想主要是一種社會性的產物；因此，思想自由必須附帶著言論自由、著作自由、出版自由以及和平討論自由。這些權利並不是不受懷疑、沒有困難的。言和行在某一點上很難區別，言論自由可能意味著製造動亂的權利。正當自由的界線無論在理論上還是實踐上都不易劃定。它們把我們直接引向自由和秩序可能發生衝突的許多點中的一點，而我們要應付的正是這種衝突。以相關的宗教自由權利而言，衝突的可能性也不小。這種自由絕不能認爲是絕對的。任何一個現代國家都不會容忍一種以吃人肉、以人爲祭品或焚燒女巫爲內容的宗教崇拜。事實上，這類做法——它們是各種最虔誠地保持著的原始信仰自然而然地產生的——已經被那些負責統治那些尚未開發種族的文明人習慣性地取締。英國法律承認印度的一夫多妻制（polygamy），但是我想一個穆斯林（Mahommedan）或印度教徒（Hindu）未必能在英國同時娶兩個妻子。進行鬥爭也不是爲了這種自由。

那麼，宗教自由的主要意義究竟是什麼呢？從表面上來說，我認爲它包括思想自由和言論自由，另外還有任何一種不傷害他人、不破壞公共秩序的崇拜權利。這個限制似乎還附帶著言論應有某種程度節制，避免不必要地傷害他人的感情；我認爲對這種含義必須予以承認，儘管它爲緊綳和不公平的應用留有餘地。從外在意義來說，我們必須注意到，對宗教自由的要求很快就超出單純信仰自由的範圍。任何信仰只要伴隨著諸如開除職位或剝奪受教育權利等懲罰，宗教自由就是不充分的。在這一點上，充分自由同樣意味著充分平等。從內在意義說，宗教自由的精神基於這樣一種認識，即一個人的宗教是與他內心最深處的思想感情並列的。它是他本人對生活、對人類、對世界、對他自己的起源和命運所持的態度的最具體表現。因此，沒有一種眞正的宗教不是充滿個性的；宗教愈是被承認爲精神性的，當任何人企圖把一種宗教強加於人時，矛盾就愈是明顯。嚴格地說，這種企圖並不惡劣，然而是不可能實現的。那些想從外部以制式手段強使人們改變信仰的人，是對眞正的宗教犯下彌天大罪。他們自欺欺人，對他們感受最深的東西之性質一無所知。

但是，在這一點上我們又遇到了困難。宗教是個人的事。但宗教不也是社會的事嗎？對於社會秩序，還有什麼比信仰更加重要呢？如果一個人因爲偷了一點雞毛蒜皮的東西就被我們送進監獄，那麼，對於那個我們以名譽擔保，確信是在毒害人們的心靈，使他們永遠墜入地獄的人，我們又該如何處置呢？還有，一些人宣揚的道理，如果被付諸實踐，將會使肢刑架和火刑柱死灰復燃，我們又如何以自由的名義來對待這些人呢？這裡又一次存在著一個必須仔細研究的界定問題。這裡我只指出，我們的實踐已獲得一個答案，總而言之，迄今這個答案效果不錯，而且有原則基礎。一個人有宣傳托爾克馬達（Torquemada）[4]的信條或穆罕默德（Mahomet）的宗教的自由，但是沒有身體力行以致侵犯他人權利或破壞和平的自由。言論和信仰只要是表達個人的虔誠，就都是自由的。一種宗教灌輸的儀式如果侵犯他人的自由，或者更廣泛地，侵犯他人的權利，這種儀式就不配享有絕對的自由。

四、社會自由

現在我們從生活的精神方面轉向實際方面。在這個方面，我們可以觀察到，第一，自由主義必須應付社會等級組織對個人實行的限制，這類限制把某些職位、某些職業、受教育的權利或至少是受教育的機會保留給某個階層或階級的人。就其極端形式來說，這是一個種姓制度，其限制既是社會的，又是宗教的或法律的。在歐洲，它具有不只一種形式。某些職業是由社團壟斷的，這在十八世紀法國改革家心目中很礙眼。某些公職和神職是保留給那些「生而有之」的人。另外還有一種更爲流行的階級精神，對於那些能夠而且將會高升的人抱持敵對態度；這種精神在智慧超出常人且身無財產的人難以受到教育這一事實裡，找到了更實質上的同盟。大家都知道的我就不多說了，但是必須再指出兩點。第一，爭取自由的鬥爭依然還是爭取平等的鬥爭。選擇和從事職業的自由要充分行之有效的話，意味著從事此類職業的機會必須和他人均等。事實上，這是促使自由主義去支持一項全國性的公費教育制度，並沿著這個路線繼續前進的眾多理由之一。第二，儘管我們可以堅持個人的各項權利，但是團體或準團體〔如工會（Trade Union）〕的社會價值是不容忽視的。經驗顯示，工業問題上必須有某些集體管理的措施，而在使這些措施與個人自由協調的過程中，會發生嚴重的原則難題。這些將在下文談。但是有一點不妨指出，自由主義一個明確的原則是：團體成員身分不應依靠任何繼承資格，也不應爲獲得這種身分設置任何人爲門檻，「人爲」一詞指的是任何非該職業本身所固有的，而是爲了獨占而故意設置的門檻。就反對所有此類限制方法而言，自由主義的立場是很清楚的。

這裡只需再補充一句：性別限制在各方面都和階級限制相同。有些職業，對婦女來說無疑是不適宜的。但要是這樣的話，只要測試一下適宜程度就足以把婦女排斥在外了。「爲婦女開闢道路」是「爲人才開闢道路」的一個應用，一個非常重要的應用，實現這兩者是自由主義的精髓。

五、經濟自由

在現代時期之初，除壟斷以外，工業是被各種形式的限制性立法、航行法和關稅所束縛的。尤其是，關稅不僅是自由企業的阻礙，而且還是造成各行業間不平等的原因。關稅的根本作用是透過使某些工業對消費者不利，把資本和勞力從在某一地點能最有利地使用的對象轉移到較不利的使用對象。在這一點上，自由主義運動不僅攻擊關稅造成的阻礙，又攻擊不平等。在大多數國家裡，這種攻擊已成功地摧毀了地方關稅，建立了相當大的自由貿易單位。只有在英國，僅僅因爲我們早期在製造業方面的優勢，才完全成功地克服了保護主義原則（Protective Principle），甚至在英國，要不是因爲我們依靠從外國進口食物和工業原料，反動的保護主義者（Protectionist）肯定至少已獲得了暫時的勝利。自由主義思想最偉大的勝利是最不可靠的勝利。在這同時，自由主義隨時準備好重新進行鬥爭，它在自由主義隊伍內部沒有引起反擊和反動。

對工業的安排有序的限制，情況就不同了。舊的規章制度已不適用於當時的條件，因而在十八世紀被要求停止實施，或者在工業革命初期被正式廢除。在一個時期內，完全不受限制的工業企業彷彿將成爲進步的口號，那時發出的回聲至今仍不絕於耳。但是，舊的限制還沒有正式撤銷，新的管理程序又開始了。新工廠制度所產生的狀況使民眾大爲震驚；早在一八〇二年，就開始制定一系列法律，從這一系列法律中產生一部年復一年注視工人生活以及工人和雇主關係的工業法典，並訂出更多細則。這個運動的初期被許多自由主義者以懷疑和不信任的目光看待。目的雖然是保護弱的一方，但是方法卻是干涉契約自由。一個健全的成年人的自由——甚至像科布登（Cobden）這樣堅定的個人主義者也承認兒童的情況除外——意味著他有權締結最符合他本身利益的契約，並且有權利及義務來決定自己的生活方式。由於自由契約和個人責任接近整個自由主義運動的核心，才有那麼多自由主義者對於以法律管理工業表示疑慮。儘管如此，隨著時間的推移，最堅決的自由主義者不僅終於接受，而且還積極促進擴大政府對工業領域的控制以及再教育方面，甚至撫養兒童方面、工人住宅方面、老殘病弱照顧方面、提供正常就業手段等方面實行集體責任。在這些方面，自由主義似乎在走回頭路，我們必須深入探討這種倒退究竟是原則改變問題，還是用途改變問題。

與契約自由緊密相連的是聯合自由。如果人們基於共同利益締結一項協議，只要不損害第三方，他們顯然會同意永遠以同樣條件對任何一個具有共同利益的目的採取一致行動。也就是說，他們可以組織聯合。但是，實際上，聯合的力量是一種和各個組成該聯合的人的力量大相徑庭的東西；只有靠法律條文，才能試著從個人之間的關係中獲得適合這種關係的原則以控制一種聯合的行爲。一種聯合可以強大到形成國內之國，並在絕非不平等的條件下和政府抗爭。某些革命團體，某些教會組織，甚至某些美國托拉斯（trusts），它們的歷史可以援引來說明這種危險並非憑空想像。此外，一種聯合可能壓迫其他聯合，甚至壓迫自己的成員，自由主義的職責與其說是保護聯合的權利，反對法律的限制，倒不如說是保護個人，抵制聯合的力量。事實上，就這一點來說，自由的原則是兩者兼顧，這雙重應用見諸歷史。然而，從一八二四年到一九〇六年這個時期，工會的解放可能還不徹底，主要是一個解放運動，因爲只有工人聯合起來，才能和雇主處於接近平等的地位，因爲事實上法律是永遠也阻止不了雇主暗中聯合的。它同樣也是一個透過平等爭取自由的運動。另一方面，儘管資本的聯合可能強大得多，理所當然地受到懷疑，工會的壓制力也絕對不可忽視。這裡並沒有原則的矛盾，而是對眞正的環境差異的公正評價。總之，可以這麼說，自由主義的職責與其說是維護自由聯合的權利，不如說是在各個情況下用這種方式確定權利，以利於最大限度的眞正自由和平等。

六、家庭自由

在國家的一切聯合組織中，家庭這一小型社會是最普遍的，具有最強大的獨立生命力。專制家庭是專制國家的縮影，其中丈夫在很大程度上是妻子和子女的人身財產的絕對主人。解放運動要爭取實現三點：(1)使妻子成爲一個完全承擔責任的人，能夠擁有財產，起訴和被起訴，自己經營業務，對於她的丈夫則享有充分的人身保護；(2)盡可能按照法律在一個純粹契約性的基礎上建立婚姻，婚姻的聖禮按照雙方宣布的宗教儀式辦理；(3)爲兒童爭取肉體、精神和道德上的關懷，辦法是讓父母擔負起一定的責任，若疏忽則予以懲處，同時擬訂一項教育和衛生的公共制度。前兩點是自由和平等互爲表裡的典型例子，第三點則經常被視爲社會主義（Socialism）傾向而非自由主義傾向。事實上，國家主管教育產生了某些嚴重的原則問題，至今尚未圓滿解決。總而言之，如果教育是一種國家有權強制執行的責任，對於選擇教育路線也就有一種對抗的權利，忽視這一點是有害的，而調節的方法無論在理論上或實踐上都有待適當地抉擇。不過，我堅決主張，國家是比父母高一級這一中心概念既是社會主義，也是自由主義。它是兒童權利的基礎，是保護兒童免遭父母疏忽的基礎，是兒童作爲未來公民將會要求的機會均等權利的基礎，是他受訓練以便成年後在社會制度中履行職責的基礎。論及此，自由再一次包含著控制和限制。

七、地方自由、種族自由和民族自由

現在我們要從最小的社會單位擴大到最大的社會單位。解放運動有一大部分關係到一大批民族起來反對異族統治、歐洲反抗拿破崙（Napoleon）、義大利爲自由鬥爭，關係到土耳其（Turkey）基督徒的命運、黑人（Negro）的解放、愛爾蘭和印度（India）的民族運動。不少這種鬥爭提出了形式最簡單的自由問題。問題曾經是而且經常是爲弱的一方爭取最起碼的權利；不爲這種要求所動的人與其說是缺乏邏輯或道德，不如說是缺乏想像力。但是，在民族運動背後，確實冒出許多極其棘手的問題。民族與國家有什麼不同？

它構成什麼樣的整體，它的權利是什麼？如果愛爾蘭是個民族，阿爾斯特（Ulster）是不是民族？如果阿爾斯特是一個英格蘭和新教徒（Protestant）民族，阿爾斯特屬於天主教（Catholic）的一半又是什麼？歷史在某些方面已經給了我們切實的回答。例如，歷史顯示，享有責任制政府的法國人和英國人，儘管歷史上存在著一切宗教信仰、語言和社會結構方面的爭端和差異，卻融合成了加拿大這一民族。歷史證明德意志是一個民族這個想法是正確的，並對梅特涅（Metternich）[5]所謂義大利不過是個地理位置這句表示輕蔑的話加以嘲笑。但是如何預見歷史，給一個要求成爲一個獨立自主單位的民族哪些權利，這些問題就不大容易解決了。毫無疑問，自由主義總的傾向是贊成自治，但是，面對著再次分裂的問題以及集團與集團之間的複雜問題，它必須依靠歷史的具體教導以及政治家的務實眼光去決定如何爲自治劃定界線。不過，有一個經驗主義的標準似乎是切實可行的。如果一個弱小的民族與一個較大或較強的民族合併後，能夠用對聯合雙方都行得通的普通法律加以統治，並履行自由的所有一般性原則，那麼，這種安排對雙方來說就是最好的。但是，如果這個方法失敗了，如果政府不得不經常藉助非常的立法或使它自己的機構非自由化，那情況就十分緊急了。在這種狀況下，思想最爲解放的民主也等於在維持一種必然會破壞它本身原則的制度。赫伯特・斯賓塞先生評論說，亞述（Assyrian）征服者在半浮雕中被描繪成以一條繩子牽著他的俘虜，實際上那條繩子捆住的就是他自己。只要他保有權力，他就失去自由。

關於種族也產生類似的問題，許多人誤把種族和民族混淆。就關於基本權利而言，自由主義的態度是不容置疑的。但是一考慮到應該保證這些權利的政治力量，問題就產生了。黑人或卡菲爾人（Kaffir）在智力上和道德上是否能實行自治或加入一個自治的國家？開普殖民地（Cape Colony）[6]的經驗傾向於給出肯定的答案。我認爲，美國對於黑人，做出了一個更令人執疑的回應。強行擴大白人對黑人的權利也許是毀滅黑人的最好方法。透過灌輸個人財產、自由轉讓土地、自由購買酒類等概念來摧毀部族習俗，也許是掠奪者最方便的方法。在與弱小民族的所有關係中，我們是在一種被不誠實地唱高調敗壞了的氣氛中活動的。如果人們說平等，他們指的是被各種法律所壓迫。如果他們說保護，他們指的是對餵肥了的鵝的保護。在這種情況下，只要原則和推論有用，最可靠的辦法也許是把目光集中在問題的要素上，在世界上任何一個地方支持任何一種方法，只要這種方法能使「有色」人種擺脫人身暴力、擺脫鞭笞、擺脫剝奪、擺脫烈酒，尤其是擺脫白人本身，直到白人充分學會管理自己的生活爲止，他對黑人所能做的最好的事是什麼事也不要做。在這方面，更建設性的自由主義尚需假以時日。

八、國際自由

如果不干涉對於野蠻人是最好的東西，那麼，許多自由主義者認爲它同樣也是國際事務中最明智的辦法。這個看法以後再談，這裡我只指出三點：(1)自由主義的眞髓是反對使用武力，武力是一切暴政的基礎；(2)自由主義的實際需要是反對武裝力量的殘暴專橫。武裝力量不僅可以如同在俄國那樣被直接用來侵犯自由，而且如同在西歐那樣，以軍事精神及更巧妙的辦法腐蝕自由制度，侵呑本來可以用來促進文明的公共資源；(3)隨著世界的日趨自由，使用武力將變得沒有意義。如果不是以這種或那種形式征服一個民族，發動侵略是沒有好處的。

九、政治自由和人民主權

在所有這些權利問題背後，是如何爭取和保持權利的問題。是依賴行政機關和立法機關對全社會履行責任嗎？這是一般人的回答，它說明自由的總理論與普選權及人民主權學說之間的一種聯繫。然而，這個回答並不符合問題的全部可能性。人民作爲一個整體可能不重視他們自己的權利，沒有能力行使權利。他們可能受到唆使去征服他人、剝奪富人，或做出任何一種集體暴行或愚行。從普遍自由和社會發展觀點來看，有限的選舉權反倒可能比擴大了的選舉權效果更好。甚至在英國這個國家裡，一八八四年選舉權的擴大在幾年內使得自由在各方面停止發展，這種說法自有道理。人民主權原則建立在什麼理論上，在什麼限度內有效？它是否是自由和平等總原則的一部分，抑或還包含著其他概念？這些就是我們所要探討的問題。

我們已經非常簡單扼要地回顧了自由主義運動的各個主要方面。我們已經指出，第一，自由主義運動是和生活共同發展起來的。它關心的是個人、家庭和國家。它涉及工業、法律、宗教和倫理道德。如篇幅允許的話，不難說明一下它對文學藝術的影響，它與習俗、虛假和保護人的鬥爭，以及它爲自我表現、爲眞實、爲藝術家的靈魂進行的鬥爭。自由主義是一個貫穿一切現代世界生活結構的要素。第二，自由主義是一支有效的歷史力量。它的任務在任何地方都未完成，但它幾乎在每一個地方都獲得進展。現代國家，如同我們在除了俄國以外的歐洲，在英國殖民地，在北美和南美，以及我們開始在俄帝國（Russian Empire）以及廣闊的亞洲大陸看到的，乃是吸收了自由主義原則而或多或少地改變了舊的專制社會。第三，關於這些原則本身，我們認識到，自由主義在每一要點上都是一項被其名字充分表示的運動——一項解放人民、掃清障礙、爲自發性活動開闢道路的運動。第四，我們看到，在許多情況下，從一個方面看是爭取自由的運動，從另一個方面看卻是爭取平等的運動，兩者習慣性結合已成定論。最後，我們看到在無數例子下，自由的精確定義和平等的精確意義依然是模糊不清的，我們的任務就在於對此加以探討。再者，我們主要是從自由主義的早期和比較消極的方面來看待它。我們把它視爲一種在舊社會裡活動的力量，通過鬆開舊社會的結構加諸人類活動的桎梏來改變舊社會。我們還要問，按照自由主義原則，能形成什麼樣建設性的社會組織；就是在這一點上，自由和平等原則具有更充分的意義，並想出辦法來應用這些原則。人民主權問題也指出同樣的需要。因此，我們剩餘的工作路線是明確地規定了的。我們必須了解自由主義的基本原理，研究在它們提供的基礎上能建立起什麼樣的組織。要解決這個問題，必須回顧自由主義思想某些明確的歷史階段。我們將了解歷代的思想家們如何鑽研上面指出的各個問題，局部的解答如何引起更深入的探索。在各種思想的實際運用的指引下，我們將接觸自由主義的核心，並試圖把自由主義學說諸要素作爲一種建設性的社會理論形成一個概念。然後我們將把這個概念應用於當代更重大的政治問題和經濟問題上；這將使我們最終能夠估計自由主義作爲現代世界一支活的力量的當前地位以及自由主義的理想化爲現實的前景。

◆註解◆

【1】密信：法國大革命前國王不通過法律手續下達監禁或放逐某人命令的有封印密信。——譯者

【2】在十七世紀的英國，「教士恩典」依然是對不少罪行免除刑罰的良好藉口。在那個時候，凡識字的人都可要求恩典，因此是屬於有文化階級的一種特權性質。一七〇五年，識字的規定被取消，但貴族和神職人員仍可向他們的教士求情，這種特權的餘孽直到十九世紀才終於全部肅清。

【3】參閱法蓋《自由主義》（*Le Libéralisme*）中饒有趣味的一章，其中指出，所謂「思想是自由的」這句老話是被任何審訊所否定的，審訊者強迫一個人說出自己的想法，如果這些想法不投審訊者所好，此人便會受到懲罰。

【4】托爾克馬達（一四二〇－一四九八）：西班牙多明我會修士，西班牙第一任宗教總裁判官，任職期間以火刑處死異端分子約兩千人。——譯者

【5】梅特涅（一七七三－一八五九）：曾任奧地利首相。——譯者

【6】開普殖民地：一八〇六年在今南非境內建立的英國殖民地。——譯者

第三章 理論的發展

巨大的變革不是由觀念單獨引起的；但是沒有觀念就不會發生變革。要衝破習俗的冰霜或掙脫權威的鎖鏈，必須激發人們的熱情，但是熱情本身是盲目的，它的天地是混亂的。要收到效果，人們必須一致行動，而要一致行動的話，必須有一個共同的理解和共同的目的。如果碰到一個重大的變革問題，他們不僅必須清楚地意識到他們自己當前的目的，還必須使其他人改變信念，必須動之以情，把不信服的人爭取過來。總之，他們必須表明他們的目的是可能達到的，它是與現行制度相容的，或至少是與某種可行的社會生活方式相容的。事實上，他們是被其精心打造的思想觀念且最終制定某種社會哲學的需要所驅使，推動他們前進的哲學產生於人類感情的實際需要。那些由抽象思考形成，與人類饑渴的靈魂無關的哲學始終是無用的和學究氣的。

英國人在理論領域中的確比較膽小和笨拙，所以自由主義運動在英國往往想辦法摒棄各種籠統的原則。在自由主義運動早期，其形式是比較穩健的，它假借憲政的名義來謀求達到它的目的。針對斯圖亞特王朝的要求，既有一個哲學的論據，也有一個歷史的例證，早期的議會領袖多半依靠先例而不依靠原則。這個方法體現在輝格黨（Whig）的傳統中，一直延續到今天，成爲自由主義者制定行動綱領的要素之一。這可以說是自由主義中的保守主義成分，有助於抵抗侵犯，並獲得持續的發展。事實上，在改變了的環境下維持舊秩序等於引起一場革命。十七世紀的情況就是如此。皮姆（Pym）[1]及其追隨者們能夠在我們的憲法史中爲他們的論點找到正當理由，但是要這樣做的話，他們必須對斯圖亞特王朝和都鐸王朝（The Tudors）進行深入的調查研究，而在一六四〇年運用十四和十五世紀的各項原則，實際上就是發動一場革命。在當代，維護下議院（House of Commons）的權利，反對上議院（House of Lords），從表面上看，是堅持舊的憲法權利，但是要在使下議院成爲整個國家的代表的新環境下這麼做，實際上就是破天荒第一次在牢固的基礎上建立民主，而這又是實行一場革命。

現在，那些實行一場革命的人必須了解他們是否在領導世界。他們需要有一種社會理論——事實上，比較澈底的運動之鼓吹者總是有這樣一種理論；儘管如我們已指出的，理論來自他們感覺到的實際需要，故而容易賦予僅僅有暫時性價值的思想以永恆眞理的性質，但並不因此而被當作不太重要而棄之不顧。理論一旦形成，就對其擁護者產生作用，爲他們的工作指示方向，加強團結。它反過來又成爲一支眞正的歷史性力量，其凝聚性和適當性的程度不只是學術上感興趣的問題，而且也是具有實際意義的問題。再者，理解一場運動的進程，透過了解其思想家和政治家所抱持的一系列觀點，要比透過研究各種迂迴曲折的政治事件以及繁複紛紜的黨爭來了解明白容易得多。觀點自然會影響處理問題的方法，無論是純理論的問題還是實際的問題。對於歷史學家來說，觀點是一個中心，圍繞這個中心，各種不同的甚至互相衝突的思想和政策組合起來，顯示出它們內在的相似之處。因此，我們現在要求探討一下自由主義運動所持的各種主要觀點，並且把爭取自由的熱情力求在其中表達的各種主要理論加以區別。

第一種理論我們稱之爲自然秩序理論（Natural Order）。

早期的自由主義必須對付教會和國家的極權統治。它必須爲人身自由、公民自由及經濟自由辯護，在這麼做的時候，它立足於人的權利，同時因爲它必須是建設性的，又不得不適當地立足於所謂的自然秩序的和諧。政府要求有超自然的制裁力和神聖的法令。自由主義的理論答稱人的權利是以自然法則爲基礎的，而政府的權利則以人的機構爲基礎。最古老的「機構」是個人，原始社會是個人在家庭感情影響下，並爲了互相照應而自然形成的組合。政治社會是個比較人爲的安排，是爲了獲得更好的秩序和維持共同安全這一特殊目的而達成的協議。洛克認爲，政治社會是建立在國王和人民之間的契約上，如果一方違反條款，契約也就終止。或者，按照盧梭（Rousseau）的觀點，政治社會主要是人民相互之間的契約，依靠這種安排，可以從許多相衝突的個人意願中形成一個共同的或普遍的意願。政府可作爲這種意願的機關予以建立，但它從人民獲得權力，當然必須服從人民。人民是主權者，政府是人民的代表。

無論把這些理論分開的觀點差別是什麼，從洛克到盧梭和潘恩（Paine），以這種觀念從事工作的人都一致把政治社會看成是一種限制，人們爲了特定目的而自願服從限制。政治機構是屈從和不平等的起源。在政治機構的前後，是自由和平等的個人的集合。但是孤立的個人是沒有活動能力的。他享有的權利只被他人的相應權利所限制，除非機緣使他占了上風，否則他無法行使這些權利。因此，他覺得，爲了相互尊重權利，最好與他人簽訂協議；爲了這個目的，他建立了一個政府來維護他在社會裡的權利，並保護社會免受外來攻擊。由此可見，政府的功能是受限制的，是可以限定的。這就是說：按照社會條件的許可準確地保護人的天賦權利（Natural Right），其他什麼都不能做。任何進一步使用國家的強制性力量的行爲都屬於違背政府據以建立的協議的性質。一個人在訂立契約時放棄了一些權利，這是服從一個共同規則所不得不放棄的——就這麼多，不能更多。他放棄他的天賦權利，獲得公民權利作爲報答，這種權利也許不太完全，但是有集體力量作保證，故而更加有效。因此，你如果想了解人在社會裡應該有哪些公民權利，就必須弄清楚人的天賦權利是什麼[2]，它們在什麼程度上由於調解人們相互衝突的要求而不可避免地被修改。任何干涉超過這種必要的調解就是壓迫。公民權利應盡可能與天賦權利一致，或者，如潘恩所說，公民權利就是被交換了的天賦權利。

這種關於國家與個人關係的概念比自由主義據以建立的理論持久得多。它構成曼徹斯特學派（Manchester School）全部學說的基礎。它的精華，如我們將在下文看到的，被許多功利主義者（Utilitarians）所吸收。它在整個十九世紀起著作用，儘管力量日益減弱；當代自由主義者如法蓋（M. Faguet）[3]等人緊緊抓住了這個概念，他們公然取消其純理論的基礎，並把他們的論點建立在社會效用之上。事實上，它的力量不在於其邏輯原則，而在於它爲一種符合現代社會某些需要的國家功能觀念提供堅實性和一致性。只要那些需要高於一切，這個理論就有存在價值。隨著這些需要被滿足，其他需要又產生，就需要有一個更充分、更健全的原理。

但是天賦理論另有一個部分我們絕不可忽視。如果在這個理論中，政府是害人精而權力是壓迫和停滯的來源，那麼，進步和文明的源泉又在哪裡？顯然是在個人的行爲中。個人自由發揮才能的天地愈大，全社會進步的速度也愈快。這裡包含著一個重要眞理的因素，但含義又是什麼呢？如果個人是自由的，任何兩個各自追求不同目的的自由人在一起就會發生衝突。事實上，我們的理論就是把發生這種衝突的可能性看作社會的起源和基礎。人們的自由要有效，就必須承認某些相互的限制。然而，在十八世紀，尤其是在經濟領域內，出現了一種觀點，認為意願的衝突是出於誤解和無知，其危害被政府鎮壓所加劇。實際上，各種利益天然是和諧一致的。只要維持外部秩序，制止暴力，保證人們擁有自己的財產，並努力履行契約，其餘一切都會自然而然地進行。每個人都受本身利益的引導，但是利益會帶領他沿著最高的生產力路線前進。如果一切人為的障礙都被除去，他會找到最適合他的能力的職業，他從事這項職業效益最高，對社會來說也最寶貴。他必須把他的產品賣給一個願意購買的人，因此他必須致力於生產他人所需要的東西，也就是有社會價值的東西。他會優先生產一些他能夠獲得最高利潤的東西，這些東西乃是在一個特殊時間、特殊地點、按照他的特殊能力，所最最需要的東西。此外，他會找一個願意付給他最高報酬的雇主，對這位雇主他會做出最大的貢獻。總而言之，個人利益，如果擺脫了偏見和束縛，將會引導他採取與公共利益一致的行動。從這個意義上說，個人和社會之間有一種天然的和諧。的確，這種和諧要發揮作用的話，可能需要某種程度的教育和啓迪。它所不需要的是政府的「干涉」，這種干涉總是會妨礙它順利和有效地活動。政府必須不介入衝突，讓個人自己去把競賽進行到底。如此一來，個人天賦權利學說就增添了一種關於個人需要與社會需要和諧一致的學說，兩種學說融合在一起，形成一個關於人類社會的概念，這個概念肯定行得通，它事實上包含著重要的眞理因素，而且在一個相當長的時期內能滿足一大群人的需要以及全社會不少需要。

然而，這個理論受到批評，暴露出一些具有歷史意義和理論意義的根本性弱點。我們先來研究一下天賦權利概念。這些權利是什麼，它們以什麼爲基礎？關於第一點，人們力求直言不諱。這裡我們最好引用一七八九年《人權宣言》（*Declaration of the Rights of Man*）最重要的幾條作爲例子[4]。

第一條：在權利方面，人生來始終是自由平等的。社會差別只能建立在最大多數的最大幸福之上。

第二條：任何政治結合的目的都在於保護人的天賦和不可侵犯的權利[5]。這些權利就是自由、財產、安全和反抗壓迫。

第三條：全部主權主要屬於人民……

第四條：自由在於有權做任何不損害他人之事；因此，一切人行使天賦權利只受必須保證社會其他成員享有同樣權利的限制。此類限制只能由法律規定。

第六條：法律是普遍意志的表現。全體公民都有權親自或委託代表參與制定法律。

這一條的其餘部分強調法律的公正以及全體公民都可擔任公職。一七九三年的宣言更強調平等，講究辭藻。第三條稱：「一切人生來平等，在法律面前人人平等。」

要完全不顧這些條文的實質精神而對它們吹毛求疵，是很容易的。我只請大家注意一、兩個原則問題。

1.眞正要求的權利究竟是什麼？「安全」和「反抗壓迫」在原則上是沒有區別的，而且可以認爲已經被自由的定義包括在內了。實質上其意義是：「保證其人身和財產自由是每個人的權利。」從這種表述方式可以看出這種權利假定一個有秩序社會的存在，並規定社會的義務是保證其成員的自由。因此，個人的權利不是一種獨立於社會以外的東西，而是良好的社會秩序所必須承認的眾多原則之一。

2.請注意，平等是被「共同福利」所限制的，自由的領域最終將由「法律」規定。在兩種情況下，我們都從個人要嘛退回到全社會的需要，要嘛退回到全社會的決定。再者，自由有兩個定義：(1)自由是一種做不損害他人之事的能力；(2)這種權利受他人必須享有同樣權利的考慮的限制。必須記住，這兩個定義有很大的差異。如果我把一個人擊倒在地的權利只受他把我擊倒在地的同樣權利的限制，那麼，當我們動拳頭的時候，法律就不應該干涉。假設，另一方面，我沒有權利去損害他人，法律就應該干涉。只要稍微動一下腦筋，就可以看出這個原則比較合理，尊重他人的同樣自由並非是自由的恰當定義。我通宵達旦彈鋼琴使鄰人睡不著覺的權利，並不代表可以抵銷被鄰人讓一條狗在我彈鋼琴時不停吠叫的權利。一個包工頭發「飢餓工資」[6]的權利並不被他的雇工如果能夠的話也對另一個人如法炮製的權利滿意地限制。總而言之，損害他人或占他人便宜的權利並不被他人如果有能力就施以報復的權利所充分限制。我們沒有權利損害他人；如果問什麼是損害，我們就又回到了那個否定個人按照自己意願爲所欲爲的要求的總原則。

3.人民主權學說基於兩個原則：(1)主權屬於人民。法律是普遍意志的表現。這裡「人民」被認爲是一個整體，一個單元；(2)每個公民都有權利參與制定法律。這就產生了一個有關個人權利的問題。民主代議制（democratic representation）的眞正立足點是哪一個，是國民生活的統一，還是有關個人的事應和個人磋商這一個人固有的權利？

還有一個非常嚴重的問題：最終權力屬於誰？屬於人民的意志，還是屬於個人的權利？如果人民故意制定一些否定個人權利的法律，對此類法律應該以人民主權名義予以服從呢？還是應該以天賦權利名義不服從？這是個眞正的問題，不幸在這些方面是無法解決的。

這些困難是導致形成第二種自由主義理論的著眼點，關於自然秩序的和諧可以結合第二種理論來談。現在我們就來談談這種以「最大快樂原則」（The Greatest Happiness Principle）著稱的理論。

邊沁（Bentham）一生大半輩子苦心鑽研這項作爲社會復興基礎的最大快樂原則，他完全明白我們在天賦權利理論中發現的困難。在他看來，所謂的人的權利是充滿了無政府主義的謬誤。人的權利不是建立在明確規定的原則上，無法具體說明。「我說我有一種權利。」「我說你沒有這種權利。」在兩個爭論者當中，由誰來裁決，或用什麼來裁決？所謂的自然法則是什麼？它是什麼時候制定的，依靠什麼人的權威？我們根據什麼理由斷言人是自由或平等的？我們按照什麼原則，在什麼範圍內維護或能夠維護財產權利？在某些時候，大家一致承認，所有這些權利都得讓步。在戰時或壓倒一切的困難時期，財產權利有什麼價值？宣言本身承認必須按照共同利益或法律來規定個人權利的範圍。邊沁會直率地讓一切權利都依靠共同利益，從而使之有可能按照一個總原則來研究一切相衝突的要求。他會用一個共同的標準來衡量它們。一個人有權自由表達他的意見嗎？如果按照邊沁的方法來回答這個問題，我們必須問，允許自由表達意見是否對社會有益，邊沁會說，這是一個可以用一般推理和經驗結果來解答的問題。當然，我們必須把好的意見和壞的意見兼容並蓄。如果允許自由表達意見，錯誤的意見就會發表出來，會使許多人誤入歧途。問題是：傳播錯誤意見所包含的「失」是否和自由討論所包含的「得」相抵銷？邊沁會按照結果來評價。國家應否維護私有財產權利？如果維護這些權利對全社會有益，就應該維護，如果無益就不應該維護。再者，有些財產權利可能是有益的，其他一些是無益的。社會有權自由進行選擇。如果社會發現某些財產只對個人有利，而對共同利益不利，那就有正當理由沒收這些財產，同時保護其他根據對共同利益的影響來判斷是合理的財產。社會不受個人的「不可侵犯」的權利的限制。社會可隨心所欲地對待個人，只要它以集體的利益為出發點。就權利問題而言，邊沁主義的原則可被認為是絕對社會主義甚或極權主義。它著眼的是（至少作為一種可能性），個人完全服從社會的要求。

但是，邊沁主義原則另外還有一個面向，要了解這個面向，我們必須把理論本身的要點作為一種積極的學說加以說明。我們所說起的社會效用究竟是什麼？它包含什麼？什麼是對社會有益，什麼是對社會有害？答案是非常簡單明白的。一種行為如果傾向於促成最多受該行為影響的人的最大快樂，就是好的。一種行為如此，一個機構或一項社會制度也無不如此。符合這項原則就是有益的，不符合這項原則就是有害的。符合這個原則就是正確的，不符合這個原則就是錯誤的。最大的快樂原則就是行為的唯一的和最高的原則。請注意，它給予我們兩種考慮。第一是最大的快樂。快樂在積極方面表現為具有愉快，消極方面表現為沒有痛苦。大的愉快勝於小的愉快，不含痛苦的愉快勝於包含痛苦的愉快。把痛苦設想為一種負數量的快樂，我們可以說這個原則要求我們永遠注重數量和快樂，其他什麼都不重要。然而，第二，受影響的個人的數量是最重要的。一種行爲可能使一個人快樂，卻使兩個人痛苦。如此，這種行爲就是錯誤的，除非快樂非常大，每個人的痛苦卻極小。我們必須考慮到所有受影響的人，使結果平衡。「每個人必須作爲一人計算，任何人都不能超過一人計算。」這個說明是原來的公式的一個不可或缺的組成部分。至於他父親的快樂、他子女的快樂、他自己的快樂，或者一個陌生人的快樂，一個人必須毫無偏見。他必須只考慮獲得的快樂或受到的痛苦的數量。

但是，如許多批評者所強調指出的，在這個關於快樂和痛苦的可測定的數量概念中，有一些不眞實的、學究氣的東西。我們之後還會回到這一點上，現在先讓我們來試圖了解一下邊沁的教導對他同時代的問題以及對自由主義思想隨後的發展所產生的影響。爲此，我們只來研究他學說中眞實的部分，即使這部分並不總是描述得極其精闢確切。我們要注意的幾個特點是：(1)對權利的所有考慮都根據對快樂的考慮；(2)數量的重要性；(3)作爲同一學說的另一方面，強調人與人之間的平等或公正。邊沁所考慮的社會效用是許多人所體會的快樂，爲了這個緣故，所有這些人都被認爲具有同樣價値。這是邊沁主義學說的激進個人主義（Radical Individualism），與開頭提到的社會主義傾向對立。

在這種個人主義中，平等是主要的。每個人必須作爲一人計算，任何人都不能超過一人計算，因爲每個人都能感受痛苦和快樂。另一方面，自由不是主要的，它是一種達到目的的手段。人民主權不是主要的，因爲一切政府都是一種達到目的的手段。總而言之，邊沁學派是自由和民主都贊成的。我們來研究一下他們的態度。

關於人民統治，邊沁和詹姆斯・彌爾（James Mill）是這樣推論的。人，如果聽其自然，就是說，如果既不受教育紀律的訓練，也不受責任約束，是不會去考慮最大多數人的利益的。他們只考慮自己的利益。一位國王，如果他的權力是不受約束的，就會按照自己的利益來統治。一個階級，如果其權力是不受約束的，就會按照自己的利益來統治。唯一保證爲所有人的幸福著想的方法，是使所有人都享有一份同樣的權力。的確，如果發生衝突，多數會占上風，但是這多數中的每一個人會被對自身幸福的考慮所推動，因此多數作爲一個整體來說，也被更多人的幸福所推動。個人並沒有參與統治的固有權利。在分配快樂的手段時要考慮一個要求，把參與統治工作當作一種實現這個目的的手段。由此可見，如果一個人或一個階級能夠表現得遠遠比另一個人或另一個階級聰明和優秀，他或他們的統治比一項人民制度更有助於使更多人獲得更多快樂，那麼，統治工作就應該交給那個人或那個階級去做，任何其他人不得干涉。

但是，整個論據包含著一種關於統治問題的不成熟的觀點。當然，要撇開其他問題而單獨提出一個問題，這個問題涉及七百萬選民中每一個選民可測量的利益，這在理論上是做得到的。例如，英國人絕大多數都喝茶，較少人喝酒。要籌集一筆款項的話，是對茶徵稅呢，還是對酒徵稅？在這一點上，絕大多數喝茶的人都有一種可測量的利益，每個人性質相同，程度也大致相同；而多數投的票，如果能夠單單就這個問題，並單單根據個人利益投票，可能被認爲代表許多個人利益的總和。不過，即使在這一點上，請注意，雖然最大多數是考慮到了，最大的快樂並沒有考慮到。因爲，要籌集一筆同樣數額的款項，由於喝酒的人少，酒稅勢必比茶稅高得多，爲了多數喝茶者得到一點點好處，卻使少數喝酒者蒙受巨大損失，這算不算公平，邊沁主義是不清楚的。事實上，多數人可能專橫地行動，爲了本身占一點小便宜而硬要少數人吃虧。邊沁主義原則絕對沒有說這種專橫行爲是正當的，但是它確實似乎打算以一人的失來掂估另一人的得，這種平衡方法並不符合我們的正義感。我們可以說，如果眞有一種合理的社會秩序的話，這種秩序絕不應該把一人的快樂置於另一人不可避免的痛苦之上，也絕不應該把四千萬人的快樂置於一人的痛苦之上。這麼做也許暫時得逞，但是叫一個人爲所有人去死，這無論如何是不公正的。

還可以更進一步論述。上面提到的徵稅例子，用於現代國家的政治，是不眞實的。政治問題不能這樣孤立起來。即使我們可以採公投方式就某一項稅投票表決，選民應該考慮的問題絕不單單是那項稅的收入和歸宿，另外還要考慮這項稅的所有間接社會影響和經濟影響，而就上述例子來說，人們會被他們對於喝茶和喝酒的相對作用的看法所支配，而且支配得對。社會生活沒有一部分是獨立於其他部分的，正如動物身體沒有一部分獨立於其他部分。在這個意義上，社會生活被正確地認爲是有機的，一切公共政策必須從它們影響全部社會生活的角度來考慮。但是我們一把這個觀點應用於政治，邊沁主義者敘述民主問題的方式就馬上被看出是不充分的。每個人的利益最終無疑是和整個社會的利益結合在一起的，但是這種關係是極其微妙和間接的。再者，這樣做需要時間，今天做的壞事，其影響也許只有當做壞事的一代人去世以後才會顯示出來。因此，多數人的直接的和可估計的利益絕對不會和全社會的最終利益相一致；假如多數人必須在個人利益基礎上爲了全社會的利益而實行統治，實際上就是認爲，科學家和政治家要盡最大努力去爭取的洞察問題的本領，大多數人是生來就有的。最後，所謂人完全被他們的利益所支配是個多方面的錯誤。人既不是太聰明，也不是太自私。他們受感情和衝動驅使，會既出於善意又出於惡意地熱烈支持一項他們作爲個人一無所獲的公共政策。要了解民主政體的眞正價值，我們必須更深入地研究個人與社會的關係。

最後來談談自由問題。根據邊沁主義的原則，個人這種不可剝奪的權利是完全肯定的。我們已經看到，邊沁主義的原則中甚至有澈底的社會主義或專制家長主義（Authoritarian Paternalism）的可能。但是這有兩大原因。第一個原因是當時的環境。邊沁本來是個性格有點保守的人，晚年由於統治階級漠視或敵視他的改革方案，才被逼進了激進主義（Radicalism）。在他看來，政府是屬於與一種敵視公共福利的既得利益緊密結合的性質，他的著作充滿對權力的懷疑。歷史中有不少重要事情可證明他的態度是正確的。在那時候，很難相信一個普通的官員會把公共福利置於個人利益或團體利益之上，改革家們自然指望把個人主動精神作爲進步的根源。第二（這是一個更富哲理的論點），個人被認爲是最了解本身利益的，由於公共利益是個人利益的總和，因此，只要每個人都能夠自由地追求本身的利益，最大多數人的利益就會被普遍的選擇自由最有效地實現。使個人利益與公共利益相一致存在著困難，這是不容否認的。但是詹姆斯·彌爾等人特別致力於研究這個問題，認爲這些困難可以透過道德教育來克服。一個人從小就受到把他人利益與本身利益結合起來的教育，長大就會像關心自己的幸福一樣地關心他人的幸福。因爲，追根究底，公共利益是和個人利益一致的。尤其是在自由經濟制度下，每個人沿著最大個人利益的道路前進，就會完成對社會有最大利益的任務。懂得這一點，我們就應當有以個人利益自動起作用爲基礎的眞正社會和諧，這種個人利益被知識開導，並被難駕馭的本能的紀律所遏制。

因此，雖然邊沁主義者的出發點不同，他們獲得的實際結果卻和天賦自由學說（The Doctrine of Natural Liberty）的結果沒有什麼顯著的不同，總而言之，兩種勢力聯合起來，形成了一個學派，這個學派在改革時期對英國自由主義產生了極其巨大的影響。下面就來談談他們的工作。

◆註解◆

【1】皮姆（一五八三—一六四三）：英格蘭政治家。——譯者

【2】參閱一七八九年法國國民會議發表的《人權宣言》緒言。國民會議規定「人的天賦的、不可剝奪的和神聖的權利」，以便「立法權力的行為以及行政權力的行為，由於隨時能夠與每一政治機構的目的相比較，因而能受到更大的尊重。」

【3】法蓋（一八四七—一九一六）：法國文學史家，最著名論著為《十九世紀的政治家和道德家》（*Politiques et Moralistes du Dix-Neuvième Siècle*）、《和平主義》（*Le Pacifisme*）及《女權主義》（*Le Féminisme*）。——譯者

【4】將一七八九年國民會議的宣言與一七九三年大會的宣言作一比較，無論相同還是相異，都是饒富趣味的，但是需要長篇大論。這裡我只隨便指出一、兩點。

【5】請與一一九三年宣言第一條對照：「社會的目的是共同幸福。建立政府是為了保證人享有他的天賦的和不可侵犯的權利。」

【6】飢餓工資：資本主義社會中難以維持溫飽生活的工資。——譯者

第四章 自由放任主義

科布登學派在總的觀點上既屬於天賦權利學說又屬於邊沁學說。它和邊沁主義者同樣具有英國人鍾愛的那種澈底的實幹態度。它關於天賦權利說法遠遠不及法國理論家們來得多。另一方面，它滿懷信心地認爲個人行爲不受束縛是一切進步的主要動力。[1]它的出發點是經濟方面的。貿易依然受到重重束縛。最惡劣的舊的內部限制確實已經取消了。但是即使在這一點上，科布登也力求把曼徹斯特（Manchester）從領主權利中最終解放出來，這種權利在十九世紀是沒有地位的。然而，主要的工作是解放對外貿易。《穀物法》（*Corn Laws*）的著眼點是統治階級的利益，這一點就連我們當代的關稅改革者也不否認。統治階級爲了地主的利益悍然對人民大眾的食物徵稅，而隨著一七六〇年以來發生的農業革命和工業革命，廣大人民在經濟上已處於一蹶不振的地位。科布登主義者認爲，只要給每個人從最低廉的市場上買進和在最昂貴的市場上賣出的權利，貿易就自然而然會蓬勃發展。商業應向有才能者開放。優秀的工人應要求從他的工作獲得充分的金錢酬報，並且應能用這筆錢從世界市場以最低的價格買到食物和衣服。只有這樣，工人的工作才能獲得充分價值。爲了維持政府的運轉，稅是非收不可的，但是我們如果研究一下政府的開支，就會發現它主要用於軍隊。我們要軍隊幹什麼？首先是因爲保護關稅制所引起和維持的各國間的對立。各國間的自由貿易往來會產生相互了解，並以無數工商利益的紐帶使本來隔離的各國人民團結起來。自由貿易意味著和平，其他國家一旦受到英國繁榮富強典範的教導，就會群起仿效，自由貿易將成爲全球性的。國家危機的另外一個根源是干涉。我們挑起使其他國家走上正途的擔子。我們怎麼可以爲其他國家判斷呢？武力不是辦法，應該讓每個國家自己去拯救自己。我們自己處境不妙，應該放手讓其他國家把自己的事情處理妥當。要使個人自由臻於完美，必須有國家自由，另外還得有殖民地自由。殖民地不能再按照母國的利益來統治，也不應當有一支由母國維持的常駐軍隊。殖民地都在遙遠的地方，只要我們給它們自由，每個殖民地都有它自己遠大的未來，能夠自衛，並逐漸自由發展成爲眞正的國家。個人自由、殖民地自由、國際自由是一個整體的三個部分。不干涉、和平、軍備限制、緊縮經費、減稅，這些都是與之相關的實際結果。從浪費的軍事支出節省下來的錢不必全部還給納稅者。一部分錢可用於教育——免費、非宗教和普及的教育——這樣獲得的好處就和把錢用在槍炮和兵艦上產生的害處一樣多。因爲教育對於提高智力水準是必不可少的，教育能提供至關重要的機會均等，沒有機會均等，人民就無法利用由於撤銷立法限制而獲得的自由。這裡包含著一個更建設性觀點的因素，對此科布登和他的朋友們並不總是獲得充分的讚揚。

但是，曼徹斯特學派的理論，無論在內部事務上還是外部事務上，主要都傾向於對政府的功能抱持一種有限的觀點。政府必須維持和平，制止人們實行暴力和欺騙，保護他們的人身財產不受內外敵人侵犯。人民受損害應給予賠償，以使人民從播種得到收穫，能享受他們的勞動成果，能夠爲了相互的利益而自由自在地作出各種約定。我們來看看科布登的同時代人以及事實本身是如何對這種觀點進行批評的。在整個十八世紀，舊的經濟體制已經衰退。當反穀物法聯盟（Anti-Corn Law League）形成時，工人已澈底和土地分離。絕大多數英國農民是沒有土地的工人，每週掙十或十二先令的工資，甚至往往比這個數目還要少得多。一七六〇年以來機器工業的興起破壞了舊的家庭制度，使城鎮工人淪爲雇主手下的一名職工，雇主由於英國在拿破崙戰爭（Napoleonic War）後兩個世代內享有生產壟斷權而大發其財。工廠早就一貫在惡劣條件下使用女工和童工，民眾知道後極爲憤怒，從而使問題趨於白熱化。就童工而言，就連科布登本人也強調說，自由契約的原則早就被認爲是不適用的。爲了論證起見，姑且承認成年人較能夠爲自己講條件，但沒有人能說被貧民救濟委員（Poor Law Guardians）送往工廠當學徒的窮苦孩子能對規定他做的工作有發言權或作出判斷。兒童必須受到保護，經驗顯示他們必須受到法律的保護。自由契約並不能解決無助的兒童的問題。它任由兒童被雇主爲了自身利益加以「剝削」，個人對兒童的健康和幸福的任何關懷只是一個個人行善的問題，而並非是自由制度必要運行所爭取到的權利。

但是這種論證還可以加以引申。如果兒童是無助的，那麼，成年男女的處境是否就好得多呢？我們假定，一個雇用了五百個工人的工廠老闆和一個沒有其他謀生能力的工人在談條件。如果條件沒談成功，老闆失去了一個工人，還有四百九十九個工人爲他的工廠幹活。在另一個工人來到之前，他最多不過有一、兩天在某一機臺上遇到一點麻煩。而在同一些日子裡，那位失業的工人卻可能沒有飯吃，只好眼睜睜地看著他的孩子挨餓。在這種情況下，還談得到什麼有效的自由呢？工人們很快就發現自己根本沒有自由，所以從機器工業崛起一開始就力求組織工會來補救。老闆當然是不喜歡工會的，信仰自由的人由於工會對個人施加限制也對它深表懷疑。但是一八二四年工會通過普萊斯（Place）和激進分子的行動獲得了初步解放，這也許是因爲這些人把工會當作工人對一些被眞正的競爭自由視爲多餘的壓制性法律的回答，而不是因爲他們把任何永久性的社會進步的希望寄託於工會主義（Trade Unionism）本身。事實上，這種批判態度不是沒有道理的。工會在精神上可以是保護性的，行動上卻可以是壓迫性的。儘管如此，工會對工匠階級保持工藝標準卻是必不可少的，因爲在缺乏嚴厲立法保護的情況下，只有工會能夠做些事情來糾正雇主與雇工之間的不平等。總而言之，工會給予工人的自由遠比它奪去的自由來得多，就這一點上，我們學會了一個具有極爲廣泛的用途的重要教訓。就契約而言，眞正的自由要求締約雙方之間大致上平等。如果一方處於優勢，他就能夠強制規定條件。如果另一方處於劣勢，他就只好接受不利的條件。這就產生了華爾克（Walker）的一句至理名言，即經濟上的損害傾向於使損害本身永存。一個階級的地位愈是被壓得低，它在沒有援助的情況下再度崛起的困難也愈大。在立法方面，國家接受這個觀點特別緩慢。就童工而言，直到情況十分嚴重時，國家才出面干涉。它把「少年」及婦女包括在內——此舉受到那些擁護女權的人的批評，把這種保護的擴大視爲男性統治權的擴大。儘管如此，輿論卻相信國家是以一種不尋常的方式出面干涉，以保護一個不夠強大到爲自己討價還價的階級。開始只以成年男子爲限，直到今天，作爲工會內部進行多年爭論的結果，立法才開始擔負起控制工廠條件和工時的任務，最後並通過在「血汗工業」（sweated industries）[2]設立工資委員會（Wages Boards）控制工人的實際報酬，年齡和性別不加限制。之所以能做到這點，是因爲經驗明白地告訴人們：自由而無平等，名義上好聽，結果卻悲慘可憐。

代替科布登學派提倡的個人與個人之間自由協議制度，眞正發展起來並正在繼續發展的工業制度，是以國家規定的條件爲基礎，並在那些條件的範圍內極大程度地受雇主和雇員的聯合組織之間的集體協定支配。法律規定工人的安全以及工作的衛生條件。法律規定婦女和兒童在工廠的工時以及男子在礦山和鐵路的工時。[3]未來，法律也許會直接規定男子的工時。法律使工資委員會能夠爲其數目肯定將增加的列入計畫的工業規定最低工資。法律規定雇主必須對工人在工作時間內受到的一切傷害負責，禁止任何人正式保證不受該項義務的約束。在這些範圍內，法律允許契約自由。但是，在比較高度發達的行業內，這項工作是由自願協議承擔的。工人的聯合和雇主的聯合對抗，工資、工時以及勞資協議的每一細節都經由聯合委員會以集體協議解決，遇到有關全地區甚至全行業的問題，則由聯合委員會一位公正的主席或仲裁來解決。我們和各個孤立的個人的自由競爭已十分遙遠。

這種發展情況往往被認爲是意味著舊的自由主義的衰亡。在開始時，工廠立法確實受到保守黨（Conservative）的大力支持。工廠法在那個時期與家長式統治的最佳傳統一致，被一幫以謝夫茨布萊勳爵（Lord Shaftesbury）爲典型的人的宗教信念所接受。但是它確實也受到科布登和布賴特（Bright）的猛烈反對。另一方面，像卡姆．霍布豪斯（J. Cam Hobhouse）那樣的激進分子，在早期的立法中發揮了領導作用，輝格黨政府通過了一八三三年和一八四七年兩項極其重要的法令。事實上，意見的分歧超越一般的黨派傾軋。更中肯的是，隨著經驗的成熟，新的立法含義變得更清楚，人們開始懂得，通過工業控制，他們並不是在破壞自由，相反的是使自由更加堅固。一種新的、更具體的自由觀念誕生了，許多舊的不實之詞都被推翻。

我們來研究一下這些不實之詞。我們已經知道，自由放任理論認爲國家不應介入衝突。這就是說，國家必須制止暴力和欺騙，保障財產安全，並幫助人們履行契約。自由放任理論認爲，根據這些條件，人應該絕對自由地互相競爭，以便他們最好的能力得以發揮，每個人得以感到必須爲指引自己的生活負責，並最大限度地發揮他的男子氣概。但是，可能有人會問，爲什麼要根據這些條件，唯獨這些條件而不是其他條件？國家爲什麼必須保障人的生命財產？當時的情況是，強者用武力占有他的財產，如果他能占有鄰人的財產的話，他同樣也要占有。國家爲什麼要出來爲一個人像他的老祖宗一樣爲他做事？一個在肉體搏鬥中慘敗的人爲什麼要向一個公家機關乞求幫助？自己來搏鬥豈不是男子漢大丈夫得多？爲了保障人們的人身和財產安全，不讓他們自己出力，卻讓一個國家機構在他們頭頂上活動，這豈不是存心把他們弄窮嗎？眞正的個人主義難道不應該把這個機構澈底打倒嗎？但是，擁護自由放任主義的人可能會回答：「使用暴力是犯罪的，國家必須制止犯罪行爲。」十九世紀的人們就是抱持這種看法。但是在早些時候他們並不抱持這種看法，而是讓個人及其親屬靠自己力量爲自己受到的傷害報仇雪恨。這個時期豈不是更不受限制的個人自由時期嗎？但是，十九世紀的人們卻正確地把它看作是野蠻時期。我們可以反過來問，罪行的本質是什麼？可不可以說，任何一種故意傷害他人的行爲都應由一個公家機關依法予以懲處，強迫一個孩子每天工作十二小時可不可以說是一種比偷錢包更嚴重的傷害行爲（一個世紀前，一個人偷了錢包是要被絞死的）？那麼，界線究竟按什麼原則來劃分，以詳細說明哪些傷害行爲應由國家禁止，哪些傷害應聽其自然？可以說，**Volenti non fit injuria.**[4]一種交易，只要是一個人自願參與的，就不算對他不公正。也許是這樣，儘管也有值得懷疑的例子。但是現在問題是，一方並非自願，交易是強迫交易。弱者表示同意的方式，就好比一個失足掉進深淵的人同意把他的全部財產送給那個不肯按照其他條件扔一條繩子給他的人。這不是眞正的同意。眞正的同意是自由的同意，充分地同意自由意味著締約雙方的平等。正如政府通過禁止身體較強壯的人殺害、毆打、掠奪鄰人從而爲所有人爭得初步自由一樣，它也通過爲了防止一個人利用其有利條件損害他人而實施的每一種限制使所有人獲得了更大的自由。

非社會的自由和社會的自由有一點不同。非社會的自由是一個人只顧自己願望或利益而行使其權力的權利。從理論上說，這樣的自由是個人可能實現的。它是與一切公共控制對立的。從理論上說，這樣的自由是生活在相互交往條件下的眾人不可能實現的。從社會意義而言，它是個矛盾，除非一切人的願望都自動向社會目的看齊。因此，任何時代的社會自由都以限制爲基礎。它是一種全體社會成員都能享有的自由，也是一種從那些不傷害他人的活動中進行選擇的自由。隨著行爲的社會效果的經驗趨於成熟，由於社會良知被喚醒，傷害的概念擴大了，對傷害原因的看法也加深了，因此限制的範圍也擴大了。但是，由於施加的傷害使受害者變成了殘廢，損害他的健康，影響他的生活，束縛他的力量，因此防止這種傷害就能使他獲得自由。限制侵犯者就是給受害者自由，只有對人們相互傷害的行爲施加限制，他們作爲一個整體才能在一切不會造成社會不和諧的行爲中獲得自由。

因此，嘲笑當代自由主義反對給工人經濟保護而贊成爲工人制定保護性立法是自相矛盾，這實在是目光短淺。兩者除了都是旨在爲某些人的利益服務的限制以外，毫無共同之處。在自由主義者眼裡，經濟保護是一種有利於某些行業和利益而不利於其他行業和利益的限制，總而言之，是有利於那些已經處於得天獨厚地位的人而不利於貧苦階級。保護性立法則是一種主要爲貧苦階級利益著想的限制，目的在於使他們在工業關係中獲得更有效的自由和更接近平等的條件。只有那些認爲自由對立於限制的人，才認爲這種嘲笑有道理。對於那些懂得所有社會自由都立足於限制，懂得在一個方面對一個人施加限制是其他人在該方面獲得自由的條件的人來說，這種嘲笑是毫無意義的。以犧牲他人爲代價獲得的自由不是好的自由，所有生活在一起的人都能享有的自由才是好的自由，這種自由取決於法律、習俗或他們的感情使他們防止互相傷害的圓滿性，並用這種圓滿性來衡量。

自由主義，如一般所了解的，不僅把員警和法院視爲理所當然，而且也認爲財產權利是理所當然。但是，財產權利指的是什麼？按照一般用法，這個詞指的是那種由於長期實行已使我們習以爲常的制度。在這種制度下，人可以在法律範圍內自由地運用任何生產或交換方法盡他所能獲得土地、消費品或資本，他可以隨自己意願處置、銷毀、贈送或出售，死後並可任意遺贈給任何一個人。國家可以透過徵稅取得個人財產的一部分。因爲國家是必不可少的，人必須爲安全付出一筆代價；但是，按照這種觀點，就一切稅收而言，國家是從個人那裡拿走一點屬於「他的」東西，國家這麼做只有出於迫切需要才是正當合理的。國家沒有「權利」爲了達到自己的、並不爲公共秩序急需的目的而奪取個人的任何一樣東西。這樣做是侵犯個人權利，是用暴力強迫一個人去對一些他表示冷淡甚至不喜歡的事情做出貢獻。「社會主義」稅收是侵犯個人自由，亦即保持並任意處理自己財產的自由。一般的看法似乎就是如此。

但是，一種堅定不移的自由理論不能完全滿足於財產賴以保持的實際制度。科布登的信徒們已經強調的第一個攻擊點，是自由交換土地的阻礙。沒有土地的人要獲得土地，過去不容易，現在仍然不容易，科布登及其信徒們以自由契約的名義竭力主張廉價和不受妨礙的轉讓。但是可以提出一個更嚴厲的批評。土地的數量是有限的，某些土地更加有限。只要供應有限，壟斷就總是有可能發生，自由競爭原則就是要向壟斷開戰。在科布登本人看來，土地自由買賣是商品自由買賣的補充。但是對土地壟斷的攻擊可以走得更遠，可能使熱衷於原則的個人主義者與社會主義敵人在平行線上走相當一段距離。事實上，亨利·喬治（Henry George）學派的情況就是如此。這個學派主張競爭，但是只能在一切人眞正自由和平等的基礎上進行競爭。要獲得這個基礎，必須把社會制度中的壟斷因素全部清除，其中土地私有制是最重要的。它認爲，這個目標只有透過國家吸收壟斷價值的一切因素才能實現。只要一樣供應有限但對人們有價值的東西落入私人之手，壟斷價值就會自然增長。在這種情況下，競爭就會失敗。除非需求受到限制，物主是不受約束的。物主可以喊出一個與他自己付出的勞力毫不相干的價格。除正常的工資和利潤外，他可以從他人的需要中榨取一種剩餘，這有一個名稱叫經濟收益。物主還可以保持他的財產，不讓別人使用，直到這樣財產充分增值，從而提高他最後獲得的利益，使社會蒙受重大損失。

在我國，壟斷有三類。第一類是土地壟斷。例如，城市房租不僅代表建築成本，也代表建築成本加地皮（如果需求的那種地皮的數量不受限制），它在供不應求情況下還代表地皮的價格，也就是說，那裡存在著一種壟斷因素。地皮價值——一幢取決於其位置的房屋或工廠的實際價格——直接因這種壟斷的程度而異。主張土地國有化的人認爲這種價值不是地主創造的，它是社會創造的。它一部分應歸功於國家因人口增加和城市生活興起而獲得的總體發展，一部分應歸功於該地區的發展，也有一部分應歸功於把納稅人的錢直接用於衛生和其他改善設施而使得人們能在該地區居住，工業能在該地區興旺發達。社會直接地和間接地創造了地皮價值。地主獲得了這種價值，並在獲得的同時，能夠向任何一個願意付高額租金以求在這塊土地上居住和興辦工業的人開價。主張土地國有化的人純粹從個人觀點看待財產權利，他們認爲這種局面不公平，認爲唯一的解決辦法是把壟斷價值歸還給創造這種價值的社會。因此，他們贊成對地皮價值徵收最高數額的稅。第二類壟斷產生於不適用於競爭的工業——例如煤氣和水的供應、電車服務以及在某些情況下的鐵路服務。在這些方面，競爭即使不是絕對不可能，也是浪費的；另外，按照嚴格個人主義的路線，如果這些工業被允許落入私人手中，老闆就能夠榨取比競爭性工業的正常利潤更高的收入。他們將會依靠犧牲消費者的利益從壟斷獲得好處，解決辦法是政府採取管制或公有制。公有制是更完全、更有效的辦法，也是城市社會主義的辦法。第三類壟斷是國家創造的壟斷，例如出售被執照制度限制的酒類。按照競爭觀念，用這種方法創造的價值不應落入私人手中，如果壟斷是按照社會立場維持的，對有執照場所徵收的稅就應當這樣安排，使壟斷價值回歸社會。

一直到這一點爲止，貫徹始終的個人主義（Individualism）能與社會主義協調一致地工作，事實上，也就是這種局部的同盟爲後來的自由黨財政確定了方針路線。一九〇九年的大預算案背後有社會主義和個人主義意見聯合力量的支持。可以補充說，另外還有第四種會受到同樣的雙重攻擊的壟斷，但是在英國比在美國更少耳聞。這種壟斷在容許競爭者達成協議的競爭制度下有可能實現。強的一方可能迫使弱的一方就範，或者若干力量相等的人可能同意一起合作。這樣競爭可能落空，工業可能逐個變成托拉斯或其他聯合，私人利益與公共利益對立。卡爾・馬克思（Karl Marx）預言這些聯合是瓦解競爭制度的特定方法，它們在英國一直是被自由貿易抑制的。在保護貿易政策下，它們構成了當代最迫切的問題。舉例說，甚至在英國，鐵路也正在迅速向聯合制發展，其經濟情況是一目了然的，其直接結果是壟斷，其肯定結局則是國有化。

因此，個人主義在解決現實問題時，與社會主義相差無幾。我們再一次發現，要維持個人自由和平等，就必須擴大社會控制的範圍。但是，要貫徹自由主義的眞正原則，實現社會自由和權利平等，就必須作更深入的探討。我們絕不可把任何財產權利視爲不言自明。我們必須看它們的實際作用，並研究它們如何影響社會生活。我們必須問：如果我們能夠廢除對有限供應品的一切壟斷，是否還應該處理造成社會不公和工業失調的一切原因，是否還應該把從事血汗勞動的工人拯救出來，使每一個人從事一天誠實勞動能獲得合理的酬報，並防止一人利用經濟上的優勢，而靠犧牲另一人的利益來撈取好處。我們必須問：社會權利與個人權利之間是否已經具備公平劃分的基礎，從而充分了解國家的適當目的以及稅收的合理基礎。這些問題使我們接近基本原理，要進行那一部分討論，最好進一步簡要敘述自由主義在思想和行爲方面的歷史性發展。

◆註解◆

【1】「如果有人要我用一句話來概括兩個學派之間的異同，我會這樣說，曼徹斯特學派是亞當・斯密的信徒，而哲學激進派則是邊沁和亞當・斯密的信徒。」〔F. W. 赫斯特（F. W. Hirst），《曼徹斯特學派》（*The Manchester School*），緒言第十一頁。〕莫利勳爵（Lord Morley）在其《科布登傳》（*Life of Cobden*）最後一章中指出，科布登學派與邊沁學派的不同在於與社會的經濟活動有關的「總政策」觀點。

【2】血汗工業：指殘酷剝削工人的工業。——譯者

【3】由於成年男子與女工和童工間的相互依賴關係，法律在一段很長時期內始終間接地限制男子在工廠的工作時間。

【4】拉丁語：對自願者不構成侵害。——譯者

第五章

格萊斯頓[1]和彌爾[2]

從十九世紀中期起，英國自由主義史上閃耀著兩個偉大的名字：行爲界的格萊斯頓（Gladstone）和思想界的彌爾（Mill）。他們兩人有很大的不同，但有一點倒很一致，他們都具有對新的思想觀念保持清醒和開放這一莫大優點，而隨著年齡的增長，兩人最後都進一步對社會生活有更深刻的理解。一八四六年，格萊斯頓當時還是保守黨員，但是他在自由貿易問題上接受庇爾（Peel）[3]的領導，擺脫了舊的傳統，在此後許多年內，他最顯著的政績是完成了科布登的財政解放政策。在實行這一項政策的過程中，他與上議院發生衝突，一八五九至一八六〇年，由於他的積極斡旋，才使下議院免於屈辱的投降，並使下議院的經濟優勢一直保持到一九〇九年爲止。在一八六〇年以後的十年間，他力主擴大選舉權，一八八四年是他的政府把代議制原則擴大到二十七年後所處的程度。總而言之，在經濟領域裡，格萊斯頓一直恪守他從中年開始所信奉的科布登原則。對於八〇年代末出現的「新聯合主義」（New Unionism）以及半社會主義的思想觀念，他並沒有好感，事實上，兩者對他正在進行的政治工作形成了一股強而有力的逆流。然而，在愛爾蘭土地法案上，他開始了一項新的政策，即在一個雙方條件相差懸殊的典型事件中放棄了契約自由。他不是一個抽象的思想家，對具體的正義富有熱情，這就足以使他勇往直前。他疾惡如仇，從多方面對暴政發動無情的戰爭。

但是，他最有創見的工作是在帝國關係領域內完成的。被惡意汙衊的馬朱巴協議（Majuba Settlement）[4]是一個正義行爲，但爲時已晚，未能永久性地消除禍害。最了不起的是政治家的勇氣，他在那個時候能夠完全依靠民族自由和國際公平交易的固有力量。在愛爾蘭事件中，格萊斯頓再一次依靠同一些原則，但是需要有另一種力量來取得成功，這種力量是任何人都指揮不了的，亦即時間的力量。在國際事務中，格萊斯頓是個開路先鋒。他的原則和科布登不盡相同，他不是一個不干涉主義者，他代表希臘採取了行動，也差點代表亞美尼亞人（Armenians）採取行動，他這樣做是爲了維護國家榮譽，並防止一個可怕的錯誤。格萊斯頓的原則可以說是與馬基雅維利（Machiavelli）、俾斯麥（Bismarck）以及每一個外交部的實踐相對立。外交部的辦事原則是：國家的理由證明一切事情都是正當的；格萊斯頓的辦事原則是：除了已經被人類良知證明是正當的事情以外，任何事情都不能被國家的理由證明是正當的。在他看來，政治家不僅要維護國家的物質利益，還要維護國家的榮譽。政治家是世界的公民，因爲他代表他的國家，而國家是世界大家庭的成員之一。他必須承認權利和義務，正如任何其他人類組織的代表必須承認權利和義務一樣。從未劃定過一條線，越過這條線，人類的責任就告終止。從未有過一個鴻溝，跨過這個鴻溝，人類受苦受難的哀嚎聲就聽不見，屠殺和酷刑就不再可惡。還有，人應該像愛國者一樣承認：一個國家要變得偉大，不僅可以透過把地圖繪成紅色，或者把其貿易擴大到前所未有的地步，而且也可以透過作爲正義的先鋒、被壓迫者的救星、自由的舊根據地，使國家變得偉大。從譴責鴉片戰爭（Opium War），揭露那不勒斯監獄黑幕，直到在君士坦丁堡大屠殺次日最後一次露面，這就是格萊斯頓力求傳達的資訊。他走在時間前面。他並不總是能在他自己的內閣裡維持他的原則，他一隱退，世界似乎又回到了老路上。他自己的黨在很大程度上向對立觀點屈膝投降了。另一方面，細心而不抱偏見的批評家會承認他老年時的主要對手索爾茲伯里勳爵（Lord Salisbury）吸收了他思想的某些精華，在其影響下盡力使國家免於帝國主義的極端行爲，而他的信徒亨利・坎貝爾・班納曼爵士（Sir Henry Campbell-Bannerman）則利用其短期執政的權力改變了在南非的種族統治政策，並證明了格萊斯頓對政治自由復原力量的信任的價值。還可以補充說，如果從那時以來，犬儒主義（Cynicism）一直在國際政治中守住陣地，這與其說是野心的犬儒主義，不如說是恐怖的犬儒主義。在我們對外的關係中，恐懼已代替想像作爲動力；跡象顯示，目前恐懼已用盡了力量，終於被理智所取代。

在其他方面，格萊斯頓與其說是一種知識力量，不如說是一種道德力量。他提高了整個公共生活的水準。透過習慣性地動員人們最優秀的品質，他加強了公共責任感，半無意識地爲更充分運用社會良知鋪平了道路。彌爾也是一種道德力量，他的著作最持久的影響來自他的性格，而非智力而已。但是，取代格萊斯頓的活力和實幹能力，彌爾具有一個終身學習者的品質，他獨自一人將新舊自由主義之間的空隙連接起來。他雖然是喝邊沁主義乳汁長大的，但是從未眞正放棄他父親的基本原理[5]。他堅持不懈地使這些原理與新的經驗和思想結合起來，研究它們如何發揮作用，以及爲了保持它們內容中眞正健康和寶貴的東西，應如何將它們加以修正。正因爲如此，彌爾是世界上最容易被判定爲不一致、不完整、缺乏全面系統的人。也正因爲如此，雖然許多一致的、完整的、全面的系統都銷聲匿跡了，他的著作卻長存不朽。

作爲一個功利主義者，彌爾不能求助於任何可使之與公共利益對立的個人權利。他的方法說明公眾的永久利益是與個人權利結合在一起的。當然，在某些情況下，公眾的當前利益會透過忽視個人權利來實現。但如果一切都照當前利益來辦，那就既不會有權利，也不會有法律。社會生活中將沒有固定規則，也沒有任何人們可賴以指引其行爲的東西。因此，對一個功利主義者來說，權利問題轉化爲這樣一個問題，即哪一種作爲原則問題提出的要求值得社會承認？什麼是社會興旺發達的永久性條件？關於自由，彌爾的回答對準決定社會生命的道德力量或精神力量。第一，尤其是關於思想和言論自由，社會需要光明。

眞理具有一種社會價值，我們絕不可以自以爲已經擁有完全的和決定性的眞理。但是眞理只能根據經驗在思想界和行爲界予以追求。在實驗過程中，有無窮犯錯的可能，因此自由追求眞理必然產生摩擦和浪費。傳播錯誤是有害的，如果糾正錯誤，這種害處就可以避免。但是只能用合理說服的方法來糾正錯誤，任何其他方法都像是透過殺死病人來治病。它麻痺追求眞理的自由。不僅如此，誠實的錯誤還含有一種積極的價值，使它高於勉強接受的眞理。就錯誤是誠實的而言，它產生於心靈在局部的、不完全的經驗基礎上的自發活動。它是經驗的解釋，儘管是一種錯誤的解釋，而權威強加於人的信條卻根本不是經驗的解釋。它不包含個人的努力。它的盲目接受說明意志退避三舍，智力黯然失色，變得遲鈍。

這番道理並不以人容易犯錯爲依據。它以全部力量向那些確信自己擁有決定性的、完全的眞理的人呼籲，要求他們認識到，要把這種眞理傳播給他人，不能藉助物質手段，而只能依靠精神手段，如果他們把肉體威嚇作爲一種威懾力量，或者把名利作爲一種勸誘手段，那麼，他們不僅毀壞了眞理的成果，而且還毀壞了產生於人們心中眞理的根源。但是，當我們考慮到人類信念的實際歷史，這個論據就有了更多的力量。一個懂得思想發展過程的正直的人會承認：甚至對他而言最重要的信條也是同樣經過許多世代而發展起來的東西，如果他通情達理，他會推斷說，由於這樣東西是過去所產生的，因此，如果它裡面富有生命力的種子，將來就會生根開花。它的外形可能是永久不變的，但是內容卻會改變。但是，如果眞理本身是一個不斷擴大的觀念圈子，透過批評並藉助修正而獲得發展，那麼，在任何特定時間構成社會對眞理理解的主要觀念，當然就是粗糙和不完善的。集體意志的機關是法律也好，是輿論的壓制力量也好，如果限制人們進一步探索，這裡面所包含的危險是不言而喻的。

因此，自由在這方面的基礎是把思想看作一種依靠精神上的法則而生長的東西，隨著各種受經驗、思考和感覺引導觀念的運轉而欣欣向榮，受到物質考慮的干擾就敗壞，一旦被認爲是終極性的就死亡。同一個概念擴大到把整個個性觀念也包括在內。社會利益不能與個人利益相矛盾。但是個人利益必須以理性的人的負責任生活爲基礎。除了男性，彌爾還會著重加上女性，是以官能的自動發展爲基礎的。爲感覺、感情、思想、行爲等智能找出路，就是尋找自我。其結果並不是混亂。這樣找到的自我具有作爲其生命中樞的控制力。在生活中輸入一些團結，在思想、行爲和感情中輸入一些和諧，是自我的主要成就，實現自我與他人的關係，從而指引自己的生活，是它最崇高的原則。但是控制的要素是它必須是自我控制。爲了實現外部秩序，強迫也許是必要的，但是強迫對於個人作爲人的眞正存在的內部生命毫無作用，甚至有失去權威和侵犯責任範圍的危險。強迫是手段而不是目的，這種手段很容易變成對極其重要的目的的威脅。在自我的指引下，每個人會有很大的不同，他們的特異有些是沒有用處的，有些是浪費的，有些甚至是惱人的，不堪入目。但是，總而言之，人彼此不同是件好事。個性是安樂的一個重要因素，這不僅因爲個性是自己形塑的必然結果，而且也是因爲在慮及一切浪費以後，共同生活由於包含著各式各樣的類型，而變得更加完整和充實，這就有助於擴大集體經驗的範圍。壓制婦女造成的更大弊害並非是構成社會半數的婦女本身的損失，而是整個社會的貧困，是婦女自由發揮智慧能夠促進的共同福利的損失。

彌爾對代議政體的論述也以同樣一些原則爲基礎。如果男性或女性公民有選舉權，這種選舉權與其說是公民堅持其對社會要求的手段，不如說是公民對社會的行爲履行自我責任的手段。個性問題是統治問題的決定性因素。如果幸福可以用湯匙餵給每一個人，那麼，恩賜的專制主義就是理想的制度了。如果人們必須爲救濟自己出一份力，就必須號召他們參與指引共同生活的工作。彌爾把這個原則作進一步的發揮，一般人反對在選民的無知和不負責任的基礎上擴大選舉權，而他則弄鈍了這種反對意見的鋒芒。人要學會一件事，就必須實踐。如果要他們有責任感，就必須讓他們負起更多責任。這個過程中有些風險，但如果把大部分的人排擠在公民權利和義務的圈子外，危險就更大，希望就更渺茫。彌爾認爲民主政治最大的危險是多數人實行暴政。他恐怕比他以前的任何一個自由主義導師都更強調多數人的意願與社會福利之間的差異。他認知到，自由主義者慣常主張的各種權利在實踐中彼此可能是難以調和的，他也認知到，如果個人自由是根本性的，它可能會遭受一種給多數人無限壓制權力的所謂政治自由的威脅。因此，彌爾在許多年內一直苦心鑽研如何使少數人享有平等的發言權和代表權，而作爲比例代表制（Proportional Representation）運動的先驅，他又力求使議會不僅僅代表一部分人（無論這部分人在數目上占多大優勢），而是要代表全體人民。

在社會生活的經濟方面，彌爾原則上承認，在雙方條件不相等情況下訂立的契約必須予以控制，但是他對個人責任的強調使他在把這個原則擴大到成人時小心謹慎，而他對婦女解放運動的特殊感情則促使他抵制一種事實上正在使女工獲得初步解放的思潮。他從事業一開始就認爲提高享受水準是改善工人地位的最好方法，在提高過程中把限制家庭人口作爲主要條件。然而，隨著年齡的增長，他愈來愈對這種使民眾處於靠工資爲生的地位，而少數人則靠租金、利潤以及投資利息過活的整體制度結構表示不滿。他開始盼望社會的一種合作性組織，在這種組織中，一個人學會「爲他的國家耕種和織布」，而剩餘的工業產品則分配給生產者。在中年時，他覺得自願合作是達到這個目的的最佳手段，但是到晚年時，他認知到，總體而言，他改變觀點使他加入了社會主義者的行列，他在自傳中關於社會主義理想的簡短陳述，恐怕始終是我們所擁有的關於自由社會主義的最佳總結性說明。

◆註解◆

【1】格萊斯頓（一八〇九—一八九八）：英國政治家，自由黨領袖和四屆首相，曾多次宣導實行一些改革，如一八八一年提出愛爾蘭土地法案，使愛爾蘭農民得到好處，一八八四年提出使農村選區的選舉人數增加一倍的改革法案。——譯者

【2】約翰・斯圖爾特・彌爾（一八〇六—一八七三）：一譯穆勒，英國哲學家、經濟學家和邏輯學家，詹姆斯・彌爾之子，實證論者和功利主義者。——譯者

【3】庇爾（一七八八—一八五〇）：英國首相，保守黨領袖。——譯者

【4】馬朱巴協議：一八八一年二月二十七日，英軍在南非馬朱巴與布爾人交戰，大敗，遂即簽署馬朱巴協議，德蘭士瓦接受英國統治，英國則承認德蘭士瓦獨立。——譯者

【5】其父名詹姆士・彌爾（一七七三—一八三六）：一譯穆勒，英國哲學家、歷史學家和經濟學家，功利主義代表人物。——譯者

第六章 自由主義的核心

彌爾的教導使我們接近了自由主義的核心。我們從彌爾那裡學會，第一，自由不單純是法律公式或法律限制。可能會有習慣的暴虐、見解的暴虐，甚至環境的暴虐，就像任何政府的暴虐一樣地眞實，而且更加險惡。自由也不以個人的自作主張爲基礎。個人行爲中有自由主義和非自由主義的廣闊天地。自由並不與紀律、組織、對正確和公正的堅強信念對立。自由也不能等同於容忍相反的意見。自由主義者並不對他認爲錯誤的意見一笑置之，彷彿它們無關緊要似的。自由主義者公正地對待錯誤意見，要求認眞地聽取，彷彿它們和他自己的意見一樣重要。他隨時準備使自己的信念接受考驗，不是因爲他對它們表示懷疑，而是因爲他對它們深信不疑。因爲，他認爲正確的也好，認爲錯誤的也罷，他相信它們都能通過最後的考驗。讓錯誤自由表達會有兩種結果。要嘛在錯誤的發展過程中隨著它的含義和結果變得清晰，它裡面會出現某些正確的成分。這些正確的成分會自動分離出來，豐富人類思想的寶庫，給他本人錯誤地當作終極的眞理增添內容，並解釋錯誤的根源；因爲一般來說，錯誤本身是一種誤解的眞理，只有當它被解釋清楚以後，最終才被人滿意地駁倒。要嘛相反，任何正確的成分也沒有。在那種情況下，對錯誤認識得愈充分，愈是耐心地研究其錯綜複雜的含義和影響，錯誤就愈是能澈底地駁倒自己。腫瘤是不能用刀子根除的，根總是留在那裡，只有保護自我的抗癌藥物進化才能發揮澈底治癒的作用。

眞理的情況也是如此。眞理的全部含義表現得愈多，探明它可能包含的錯誤的可能性也愈大；反之，如果什麼錯誤也沒發現，眞理就能被當作全面和顚撲不破的眞理樹立起來。自由主義不是以蠻不在乎的態度運用迦瑪列（Gamaliel）[1]的智慧，而是以堅信眞理的力量的態度來運用。如果這是一件人的事情，亦即如果它不是紮根於眞實，那它就會歸於失敗。如果那是關於上帝的事，我們就必須小心，千萬不要和上帝對抗。

意見的分歧、性格的分歧、行爲的分歧，這些都是舉足輕重的問題。它們可能是最嚴重的問題，不能以自由主義的名義要求任何人忽視其嚴重性。例如，某些意見的表白是生來就有某些不合格的。承認這些不合格並非是反自由主義。一個新教徒爲他的兒子挑選一位家庭教師時拒絕聘請一個自稱其全部教學工作都以其教會的教義爲中心的虔誠的羅馬天主教徒，這並非是反自由主義。如果打算請這同一位天主教徒專門來教數學，由於他不肯利用他的地位進行宗教宣傳於是拒絕聘請他，這才是反自由主義。對於前者來說，宗教觀念的分歧是一個固有的不合格。它否定請教師的目的，即按照父親信仰的方針對兒子進行全面教育。對於後者來說，信仰並非是一種不合格。這位虔誠的天主教徒懂得乘法表，能夠傳授他的知識而不提教皇不謬說。拒不聘請他是對他的信仰實施節外生枝的懲罰。一位主編拒絕聘用敵對政黨的成員來擔任社論作者甚或政治評論員或任何其見解會影響其工作的職務，這不是反自由主義。拒不接受他作爲一名排字工人或辦事員或任何其見解不會影響其在報社的工作的職務，這才是反自由主義。拒不把一個有信任價值的職務委託給一個其前科紀錄顯示他很可能辜負這種信任的人，這不是反自由主義。對一個在某方面犯了錯誤的人給予懲罰，不許他擔任完全適合且立即能爲社會服務，並重新確立自尊的有益的社會工作，這才是反自由主義（這一點，「道德家」還必須多多學習）。不過，總有一天，已經被承認爲宗教和政治中的一種責任的自由主義，將會在我們的道德觀念中占有眞正的地位，它將不僅應用於我們認爲是傳播錯誤意見的人，而且還將應用於我們認爲是罪人的人。

這樣理解自由主義的立場當然不是說一個人的個人意見對社會是無所謂的，也不是說個人道德與他人沒有關係。就彌爾根據利己行爲與利他行爲之間的差別來論述而言，他仍然受到較舊的個人主義支配。我們應該坦率地承認，人的生活中沒有一個部分是對社會不重要的，因爲無論他是什麼人、做什麼或想什麼，都可能影響他自己的幸福（這應該是大家關心的問題），也可能直接或間接地影響他與之接觸的那些人的思想、行爲和性格。其基本原理可從兩方面來說明。首先，人比他的見解和行爲重要得多。卡萊爾（Carlyle）[2]和斯特林（Sterling）「除見解不同外」別無區別。對於我們大多數人來說，區別正在於此。卡萊爾注意到，有一樣非常深奧的東西，只不過粗淺地論述過，而且通常論述得不恰當，這樣東西就是眞正的人。眞正的人的定義比曾經用人們能理解的語言所陳述過的更加隱晦；正如人性比社會地位、階級、膚色甚至性別（儘管是在不同意義上）的一切差別隱藏得更深，因此它也深深地處在那些使一個人成爲聖人，另一個人成爲罪犯的比較外在的事件之下。這種最終一致的意識是平等的眞正意義，因爲它是社會團結的基礎，這種聯盟如果眞正獲得體現，將能抵制一切智力、宗教和倫理道德方面衝突的破壞力。

但是，另一方面，雖然個人意見和社會制度就像具體化的結果，透過個人或集體努力的明確過程獲得的成就，人的個性卻是一種有生命能成長的東西，它能消滅卻不能製造，不能打碎了又重新補好，但能置於使其蓬勃發展的條件之下，或者，個性如果有病，也可以使它處在透過本身的復原力痊癒的條件之下。自由的基礎是生長的概念。生命是學習，但是無論在理論上還是實踐上，一個人眞正學到的東西是他所吸收的東西，而他所吸收的東西則依靠他本人對周圍環境所花的力量。因此，就眞正的難題，亦即道德紀律問題而言，透過硬性控制和嚴厲懲罰使一個人循規蹈矩，不讓他成爲鄰居的眼中釘，這當然是做得到的。這樣做也許會使鄰人感到舒適，但是作爲道德紀律，這在說法上是矛盾的。它對人本身的性格發展毫無作爲。它僅僅壓服他，除非他已經死了心，否則一旦由上而下的壓力去除，還是會故態復萌。要使一個人學會自己來遵守紀律，雖然要有大得多的技能，也是做得到的，這是培養意志、個性、自制或者那種使我們能夠指引自己生活的協調力量。自由主義是這樣一種信念，即社會能夠安全地建立在個性的這種自我指引力之上，只有在這個基礎上，才能建立起一個眞正的社會，這樣建立起來的大廈，其基礎深厚廣闊，其範圍無法予以限制。這麼說來，自由與其說是個人的權利，不如說是社會的必需。它不是奠基於甲要求乙不打擾他，而是奠基於乙把甲當作一個理性動物對待的義務。對犯罪置之不理或對錯誤置之不理是不對的，但是必須把罪犯、犯錯者或無知者當作能夠做得對和正確的人，並且引導他們積極向上，而不是僅僅把他們打趴在地。自由的統治正在於運用理性的方法。它是向理智、想像、社會感情的要求敞開大門；除非順應這種要求，社會就難以進步。

當然，我並不硬說這些原則實行起來是毫無困難的。在許多要點上，它們無論在理論上還是實踐上都會遇到困難，其中有些困難我將在以後詳談。再者，我也並不硬說自由是一種萬靈丹，或者眞正的社會學只能建立在自由觀念的基礎上。相反地，自由只是社會生活的一個部分。互相幫助並不比互相克制不重要，集體行動理論並不比個人自由理論不重要。但是，在一項其全部要素都像在社會生活領域中一樣緊密結合的調查中，出發點變得幾乎無關緊要。無論我們從哪裡出發，如果我們是相當坦率和一貫的，我們都將會被引領到從某一個中心點看待整體，而我認爲，在研究「自由」這個概念時，就發生了這種情況。因爲，從個人權利以及個人自由與社會控制對立開始，我們已被引領到一個地點，在那個地點，我們把自由當作是個主要的社會利益問題，當作一種出於在那些成爲社會最關心的事情的眞理和道德領域內不斷進步所需要的東西。同時，我們已經開始從樹立得比較堅固的社會團結中尋找自由的效果，認爲團結只能牢固地建立在這樣一個基礎上。事實上，我們已經透過自己的方法找出了通常被形容爲個人與社會之間關係的有機概念——這個概念是彌爾畢生全力以赴的，它同樣也是T. H. 格林[3]在倫理學和政治學中的哲學的出發點。

「有機」這個名詞經常被使用和濫用，因此這裡最好來簡單說明一下它的含義。一樣被稱爲有機的東西是由許多部分組成的，這些部分彼此不同，但是一旦脫離了整體就遭到破壞或澈底改變。例如，人體是有機的，因爲它的生命依賴許多器官所履行的功能，而每一種器官又都依賴於人體的生命，如果脫離人體，就毀滅和死亡。社會的有機觀點同樣也是很簡單的。它意思是說，雖然社會的生命只是許多相互作用的個人生命，個人如果與社會隔離，他的生命也會變得完全不同。他的很大一部分將不復存在。即使他本人能夠依靠

《魯賓遜漂流記》（*Robinson Crusoe*）中的主人公的運氣和本領來維持肉體存在，他的精神和道德面貌如果存在的話，也將和我們所知道的截然不同。依靠語言、訓練以及和他人生活在一起，我們每個人都在自己體內吸收進我們周圍的社會氣氛。尤其在對於自由主義理論至關重要的權利和義務問題上，個人與集體的關係比什麼都重要。他的權利和義務都是由集體利益規定的。比方說，我的權利是什麼？從表面看，它是我所要求的某樣東西。但是單單要求是沒有意思的。我可能樣樣東西都要。如果我要求權利，那是因爲在一個公正的觀察者看來，這種權利是合理的、有充分根據的。但是一個公正的觀察者不會光考慮我一個人的要求。他同樣會考慮其他人的相反的要求。他會按照我們彼此間的關係來考慮，也就是說，作爲捲入社會關係的許多個人。再者，如果他的決定是合理的，它就必須以某種原則爲依據；作爲一個理性的人，他主張的任何原則都必須立足於該原則所服務或體現的良好結果；而作爲一個公正的人，他必須把每一個受影響的人的利益都考慮進去。這就是說，他必須根據公共利益來作出判斷。因此，個人權利不能和公共利益衝突，任何權利脫離了公共利益就無法存在。

這番道理似乎使個人過分屈從於社會了，但這是忘記了原來的設想的另外一個方面。社會完全由個人組成，它不具有和其成員的人格分離並比它們優越的獨特人格。誠然，社會具有某種集體生活和特性。英國是一個有它自己生命的統一體。但是這個統一體是由某些使全體英國人結合起來的紐帶構成的，這些紐帶是思想觀念、愛國精神、同胞情誼、共同的驕傲以及其他無數種——把說同一種語言、有共同的歷史、能相互理解的人結合起來的更精微細緻的情感。英國不是一個超越四千多萬居民住在一起、遵守共同法律的生靈之上的神祕的實體。它的生命就是他們的生命，它的幸或不幸就是他們的幸或不幸。因此，每一個人的權利所服從的共同利益乃是一種每一個人都能分享的利益。這種分享在於充分發揮他感知和熱愛的能力，充分發揮他的精神力量和肉體力量，而在充分發揮這些能力和力量的過程中，他就在社會生活中盡了他的本分，或者用格林的話說，在公共利益中找到了自己的利益。

必須承認，這句話當中包含著某種假定，可被看作有機的社會觀點的先決條件。它意味著個性的實現或充分發展不只是一個人，而是一個社會的全體成員都能切實做到的。必須有一條線，每個人都能沿著這條線和其他人一起和諧地發展。充分意義上的和諧不僅意味著沒有衝突，也意味著實際的支持。因此，每個人都必須具有不僅允許而且積極促進他人發展的可能。老一輩的經濟學家們假定一種天然的和諧，認爲每個人的利益如果被澈底理解，並且不受外界干涉的限制，就必然會引導他做對他人並對整個社會有利的事。我們認爲這種假定是過分樂觀了。我們現在得到的概念並沒有作出這麼了不起的假定。我們的概念並不假定實際上存在著一種和諧，只要謹慎和冷靜地判斷，就可以使它有效地運行。我們只假定可能有一種道德上的和諧，這種和諧通過紀律以及改善生活條件，也許能夠實現，社會理想就存在於這種實現之中。要系統地證明這個假定，就進入了重要的哲學原理領域。政治哲學就是在這一點上和道德哲學產生關係。這裡只需要說一句：正像在思想界努力建立條理清楚的體系是存在於科學和哲學根基的理性衝動的特徵一樣，在感覺和行爲界建立和諧的衝動——這種和諧必須包括所有那些能思想和感覺的人——也和實踐領域裡的理性衝動屬於同一種性質。向和諧邁進是理性的人持久不變的衝動，即使這個目標永遠也達不到。

這些原理似乎十分抽象，遠離實際生活，對於具體教導無甚價值。但是這種遠離是屬於接受基本原理而扔掉把這些原理與經驗連接起來的紐帶的性質。要找到這些紐帶，我們必須再一次撿起舊的自由主義原則，並按照有機觀點或我們現在可稱之爲和諧的觀點來看它們。首先，我們將看到舊的平等觀念是有道理的。因爲共同利益包括每一個人。它建立在個性上，要求讓社會每一成員有充分發展個性的機會。這不僅是法律面前權利平等的基礎，而且也是所謂機會均等的基礎。它不意味著原始的權力平等[4]，也不一定意味著對所有人一律平等對待。我認爲，它確實意味著，在一個良好的社會制度裡，在實際待遇、收入、社會地位、職位、報酬等方面無論存在著什麼樣的不平等，這種不平等的依據不是受到優待的個人利益，而是共同利益。如果一方面存在著百萬富翁，另一方面存在著乞丐是公正的，這必然是因爲這種懸殊差別是一種經濟制度的結果，這種經濟制度總體上爲共同利益服務，百萬富翁的利益和乞丐的利益都包括在內；也就是說，當我們把一切相關方面的幸和不幸都認眞考慮之後，再也找不到一個能更好地爲一切人的利益服務的方法。這裡我既不是在攻擊任何經濟制度，也不是在爲任何經濟制度辯護。我僅僅指出，按照有機或和諧的社會觀點，要爲財富分配中的嚴重不均辯護，就只能維持這個局面。的確，就平等而言，說也奇怪，似乎和諧原則能完全接受甚至擴大一七八九年系統所闡述的各種「人權」中的一種：「社會差別只能建立在最大多數的最大幸福之上」。如果甲在金錢、權力或地位上比乙優越確實是公正的，這僅僅是因爲當一切相關方面（其中包括乙）的利益都考慮到以後，這種格局與我們所能設計的其他任何格局相比，能獲得一筆純利。

如果我們從平等轉向自由，總體論據方法是已經指明了的，各種困難則必須留待下章詳細討論。這裡只需重複一句：按照和諧原則，自由的根本重要性在於「利益」本身的性質，無論我們是考慮社會的利益還是考慮個人的利益。利益是一樣由於發展個性的各種基本因素而獲得的東西，這種發展是透過擴大觀念、激發想像力、發揮感情和激情、加強和擴大理性控制而進行的。由於在每個人身上發展這些因素使他不虛此生，因此正是這些因素和諧地相互作用和反應，使得社會成為一個活的整體。我們已經知道，這樣解釋的自由是不能沒有限制的；可是，限制不是目的，而是一種達到目的的手段，那個目的的要素之一便是擴大自由。

但是，社會的集體活動不一定要靠強制或限制來進行。社會愈是牢固地建立在自由和自願同意的基礎上，就愈是能自由地取得一切成就，在這些成就中，個人是軟弱或無能為力的，聯合行動則是強而有力的。人類的進步，無論從哪方面來考慮，主要表現為社會的進步，是自覺或不自覺合作的結果。在這個結果中，自願聯合發揮著愈來愈大的作用。但是，國家是許多種聯合中的一種，其不同在於國家行使強制力，在於國家至高無上，在於國家要求對所有居住在其領域內的人實行控制。這樣一種聯合應該具有什麼樣的職能，我們將結合其他已經提出的問題一起討論。但是這裡必須指出，我們可以正當地把國家當作是人類維護和提高生活的許多種聯合中的一種，這是一個總的原則，正是在這一點上，我們和舊的自由主義相距最遠。但是，我們已經看到不少理由，認為經過認眞研究，舊的學說能導致一個比表面上看來更擴大的國家行為概念；我們還需要進一步努力，以證明我們已經得出的「積極」的國家概念不僅不與眞正的個人自由原則相矛盾，而且對於有效實現這個原則還是不可或缺的。

此外，歷史上的自由主義還有一個原則是和我們目前的國家概念完全符合的。前面解釋過的共同利益概念只有透過共同願望才能充分實現。當然，一個慈悲爲懷的專制君主或慈父般的貴族領導下的好政府，也有若干價值因素。任何一個和平秩序下都有使許多好事欣欣向榮的餘地。但是社會進步的豐碩成果只有這樣一個社會才能摘取，在這個社會裡，大多數人不僅是消極的接受者，而且是積極的貢獻者。因此，使公民的權利和義務變得眞實和充滿活力，並且在社會條件許可下盡可能把它們擴大，就是有機的社會概念的重要組成部分以及民主原則的正當理由。就民族主義建立在歷史的眞實解釋上來說，這也是民族主義的正當理由。因爲，由於眞正的社會和諧是建立在感情基礎之上，並利用親屬關係、鄰居關係、性格和信仰、語言及生活方式一致這一切天然紐帶，因此，最好、最健康、最有活力的政治單位就是人們透過自己的感情被強烈吸引的那一種。任何破壞這種團結的行爲，無論是透過暴力的分裂還是強迫引進性質不同的思想感情和法律，都會破壞或至少限制社會生活的自動發展。民族自由和個人自由是從同一個根生長出來的，它們的歷史關聯不是以意外事件而是以思想概念的最終一致爲基礎的。

因此，在有機的社會概念中，歷史上自由主義的每一種重要概念都起作用。理想的社會被設想爲一個整體，它依靠各部分的協調生長而存在並繁榮昌盛，每個部分在按照自己的方式和性質發展的過程中也促進其他部分的發展。每一種能夠自立的社會生活都帶一點這種和諧，因爲如果各種相抵觸的衝動占上風，社會就會崩潰，當它們確確實實占上風時，社會也確確實實崩潰了。從另一方面說，眞正的和諧是個理想，這個理想也許非人們所能實現，但它卻指明了前進的方向。但是，承認這點，就等於承認每個人（或者用個更概括的名詞：社會秩序每一構成者）可能的發展是無限的、不固定的。存在著許多可能性，最後達成社會和諧的可能性只有一個，而不和諧及衝突的可能性倒有許多。因此，社會的進步像個人的進步一樣，最終取決於選擇。這不是一條自然法則，是天然的那種意義上的「天然」，亦即從一個階段自動前進到另一個階段而永不倒退，永不向左偏或向右偏。它僅僅在下述意義上是天然的，即它是根深蒂固的人性力量的表現，這種力量只有透過極其緩慢和麻煩的相互調整過程才能有所建樹。每一種建設性的社會學說都以人類進步概念爲基礎。自由主義的核心是懂得進步不是一個制式的問題，而是活的精神力量問題。好的機制必須能提供管道，讓這種力量通行無阻，不被它自己豐富的產品阻塞，使社會結構生氣蓬勃，加強頭腦的生命力，並使之崇高尊貴。

◆註解◆

【1】迦瑪列：《聖經》（*Bible*）使徒保羅之師。——譯者

【2】卡萊爾（一七九五—一八八一）：蘇格蘭散文作家和歷史學家，有《論英雄、英雄崇拜和歷史上的英雄事蹟》（*On Heroes, Hero-worship & the Heroic in History*）等著作。——譯者

【3】T. H. 格林（一八三六—一八八二）：英國新康德主義哲學家，教育家和政治理論家。——譯者

【4】一種荒謬的錯誤想法，抱持這種想法的主要是那些出於不可告人的目的而反對平等的人。

第七章 國家和個人

我們已經大致了解自由主義概念的基本原則及其各種應用，現在必須提出一些考察性的問題。這些不同的應用能彼此相容嗎？它們能一起工作來創造那個極容易用抽象詞彙來談的和諧的整體嗎？它們本身在理論上和實踐上是眞正協調一致的嗎？比方說，個人發展的範圍與平等觀念一致嗎？人民主權是個人自由切實可行的基礎，還是爲普通群眾的專橫跋扈開闢了道路？民族感情能否與和平觀念調和一致？熱愛自由是否和充分實現共同意願相容？如果這些理想在理論上是一致的，在實踐上會不會衝突？歷史上有沒有確鑿的事件可以證明一個方面的進步意味著另一個方面的倒退？如果是這樣，又如何來結算得失的平衡？政治進步是否僅僅使我們對各種弊害進行選擇，或者我們能否有一定的信心，相信只要解決當前最迫切的問題，最終就能夠更好地克服緊接在後的困難？

我將盡本書篇幅的可能來討論這些問題，首先要談自由問題以及作爲一切事情關鍵的共同意願。對於這個題目已經說得相當多了，因此可以縮短討論。我們已經懂得社會自由是以限制爲基礎的。一個人只有在他人無法妨害和干涉他的情況下才能自由地指引自己的生活。就這一點來說，它沒有眞正背離個人主義最嚴格的原則。的確，我們已經有機會研究過把這個學說一方面應用於契約自由，另一方面應用於聯合行動，並且已經懂得，無論在哪種情況下，名義上的自由，也就是說沒有法律限制，可能會產生損害眞正自由的結果，也就是說，允許強的一方壓迫弱的一方。我們也已經懂得，聯合的效果可能是雙重的，它既能限制自由，也能擴大自由。在所有這些事情上，我們的論點很簡單：我們應該受眞正的而不是字面上的理由所指導——我們在每一情況下都應該問：哪一種辦法能產生有效的自由——而我們在每一情況下都已經發現自由和平等是緊密結合在一起的。然而，在這些情況下，我們是在處理一個人與另一個人的關係，或者一批人與另一批人的關係，我們可以把社會看作是他們之間的仲裁人，其任務是主持公道，防止濫用高壓力量。因此，我們可以把很大一部分現代社會控制的發展看作是追求更有效自由的願望所造成的。當我們發現個人的願望與全社會的願望相衝突時，情況就不太清楚了。當這種衝突發生時，我們似乎必須對兩件事中的一件做好心理準備。要嘛我們必須承認強迫的合法性，這種強迫公開宣布不是爲了自由的利益，而是置自由於不顧，力求促進社會認爲良好的其他目的。要嘛我們必須承認限制，這些限制可能妨害共同意願的發展，可能證明是對集體進步的一個嚴重障礙。這種衝突有沒有辦法避免呢？我們是否必須在任何情況下都讓這個問題用利和不利的對比來解決，還是有普遍的理由能幫助我們確定集體行爲和個人行爲的眞正範圍？

我們首先要說，正如彌爾許久以前就指出的，有許多種集體行爲是不涉及強迫的。國家可能提供一些它認爲是好的東西，而並不強迫任何人去利用這些東西。例如，國家可以設立醫院，儘管任何一個付得起住院費用的人仍舊可以自由地請他自己的醫生和護士；國家可以推行而且確實正在推行一項大規模的教育制度，同時讓每個人自由地開辦私人學校或進入私人學校就讀；國家興建公園和畫廊，但並不強迫人進去遊覽參觀；有市營電車服務，但並不禁止私人駕駛自用汽車在同一些街上行駛……如此等等。的確，爲了維持這些東西，國家強制性收費、收稅，但是這種強制提出的一系列問題我們將結合別的事情來談，它們在這兒與我們無關。眼下我們要討論的只是國家的那些強迫全體公民（或全體有關之人）同意，不許有半點違抗的行爲。這種強迫有愈演愈烈之勢。其擴展是否一定侵犯自由，集體控制獲得的價值因素是否和個人選擇獲得的價值因素不同，故而在適當範圍內可以同時發展？

我們已經拒絕用彌爾關於利己行爲和利他行爲之間的區別來解決問題，首先是因爲沒有一種行爲能夠不直接或間接地影響其他行爲，其次是因爲，即使有這種行爲，它們也不會不受到他人的關注。公共利益包括社會每個成員的利益，一個人受到的損害是大家共同關心的，即使對他人並沒有造成任何明顯的影響。如果我們不強迫一個人去爭取他自己的利益，這並不是因爲我們不關心他的利益，而是因爲無法用強迫手段來促進這種利益。

困難在於利益本身的性質，利益在其個人方面取決於感覺的自然流動，這種流動不是受外部限制而是受理性本身產生的約束和指引。企圖用強迫手段來形成個性無異是把它扼殺在搖籃裡。個性不是從外部塑造而是從內部成長的，外部秩序的功能不是創造個性，而是爲個性提供最合適的成長條件。因此，對於是否可能用議會的法令使人爲善這個問題，回答是：道德是不可能強迫的，因爲道德是一個自由人的行爲或性格，但是創造一些道德能在其下發展的條件卻是可能的，在這些條件中，一個並非最不重要的條件是不受他人強迫。

這個論點認爲：強迫不是受漠不關心局限——社會怎麼能對其成員的個性漠不關心？——而是受強迫本身無法達到其目的所局限。精神是不能用暴力使其就範的。反之，精神也不能依靠暴力獲得勝利。精神可能需要透過社會表達出來。它可能建立一個聯合組織，例如一個教會，來實現一些共同的目標，並維持所有志趣相投的人的共同生活。但是這個聯合組織必須是自由的，因爲從精神上說，一切不是取決於做了一件什麼事，而是取決於做這件事的意願。因此，強迫的價值之所以有限，不是因爲它限制了社會目的，而是因爲它限制了個人生活條件。沒有一種暴力能強迫生長。任何一種依靠感情的一致，依靠對意義的理解，依靠共同的願望的有社會價值的事情，都必須體現自由。自由在社會和諧中的範疇和作用就在於此。

那麼，強迫的範疇又在哪裡，它的價值又何在呢？回答是：強迫只有在外部的一致是有價值的情況下才是有價值的，在一個人的不一致破壞其他人的目的的情況下尤其有價值。我們已經說過，自由只能以限制爲基礎。例如，嚴格地說，一個宗教團體是不能自由地在街上列隊行進的，除非屬於另一個宗教的人受到限制不向隊伍扔石塊，不對它施加侮辱。我們不許他們搗亂，不是爲了教他們學會宗教的眞正精神，這個他們在違警法庭上是學不到的，我們的目的是保證另一方的信教權利不受干擾。所實行限制的價值在於它使行爲獲得自由。但是我們不僅可以阻止一個人去妨害另一個人——我們做此項工作的程度就是衡量我們所維持的自由的尺度——我們也可以阻止他去妨害集體的意願；遇到必須用一致性來實現集體意願所持的目的時，我們就非這樣做不可。我們姑且假定，一個行業裡的多數雇主願意採取某些預防措施來保護工人的健康或安全，願意減少工時或提高工資。但是，只要少數雇主，或甚至只要一個雇主不同意，多數雇主就不能這樣做。如果多數雇主情願負擔額外的費用，而那個持異議的雇主卻無需負擔，那麼，這個無需負擔額外費用的雇主在競爭中就可以一舉將他們擊敗。在這個事例中，少數人的意願，可能是一個人的意願，使其餘所有人的意願落空。一個人的意願間接地迫使所有人的意願服從，就像他是他們的主人一樣靈驗。如果他們聯合起來強迫他服從，這並不違反任何自由原則。這是以強迫對強迫，形式和方法容或不同，原則或精神卻並無不同。再者，如果整個集體同情一方而不同情另一方，它可以合理地使法律發揮作用。其目的不是對那些不服從的人進行道德教育，而是取得某些條件，這些條件它認爲對其成員的利益是必不可少的，而且只有強迫一致才能獲得成功。

因此，這樣看來，眞正的區別似乎並非在利己行爲和利他行爲之間，而是在強迫行爲和非強迫行爲之間。國家強迫行爲的作用是要壓倒個人的強迫行爲，當然也要壓倒國家內任何個人聯合組織實行的強迫行爲。國家就是用這個方法來維護言論自由、人身和財產安全、眞正的契約自由、集合和結社權利，最後也維護國家自身實現共同目的，不受個別成員反抗阻撓的權力。毫無疑問，國家既賦予個人和聯合以權利，也賦予他們以權力。但是，國家爲了公正執法，必須對這些權力進行監督。正如強迫行爲在自由領域和精神發展領域內失敗一樣，自由也在缺少監督性限制、人們得以直接或間接地相互壓迫的外部秩序下歸於失敗。所以自由和強迫之間沒有眞正的、不可避免的矛盾，而追根究底是一種相互的需要。強迫的目的是爲內在發展和幸福創造最有利的外部條件，只要這些條件依靠聯合行動和一致遵守。自由的領域就是生長發展的領域。自由和控制之間沒有眞正的對立，因爲每一種自由都依靠一種相應的控制。眞正的對立是在妨害個人生活和精神秩序的控制以及旨在創造使個人生活和精神秩序自由發展的外部物質條件的控制之間。

我並不硬說這樣劃定的界線能解決一切問題。「內在」的生命總是力圖在外部行爲中表現自己。一項宗教法令可能命令信徒拒服兵役，或者拒付稅款，或者不許對一間房子進行檢查。就是在這些外部事務上，個人和國家直接發生衝突，爲它們仲裁的上訴法院又在哪裡呢？在任何情況下，從對人類幸福的最終影響來看，當然是一方對，或另一方對，或雙方都對。但是，如果每一方都認爲自己對，不肯放棄自己的觀點，有沒有一樣東西能作爲雙方的指導呢？首先，國家顯然最好是用替換方法來避免這類衝突。對於一個托爾斯泰（Tolstoy）的信徒，可以讓他承擔兵役之外的其他義務，只要他願意充分負起責任，問題也就圓滿解決了。再者，少數人的宗教信仰是不能單純以多數人的方便來衡量的。某些公益工作放在星期日做可能比較方便，但是僅僅爲了方便而強迫猶太人（Jews）在星期日參加這項工作，理由是不夠充足的。宗教和道德信仰必須以宗教和道德信仰來衡量。從道德意義上說，重要的不是數量，而是按照人對共同利益的需要的最好見解獲得的信念。但是社會的良知就和個人的良知一樣有它的權利。如果我們確信對一個修道院的洗衣房進行檢查不僅僅是爲了例行公事，而且還是爲了正義和人道，那我們就只能堅持這樣做。當一切保全個人良知所能做的事都做了以後，關於共同利益的共同信念就必須我行我素。追根究底，外部秩序屬於社會，抗議的權利屬於個人。

另一方面，個人欠社會的要比一般認識的要多。在現代條件下，一個人極容易把國家為他做的事情看作理所當然，並把國家給予他的人身安全和言論自由當作有利地位，從那個地位他可以無所顧忌地責罵國家的所作所為，否認國家的權威。他認為自己有權願意加入社會制度就加入，不願意加入就不加入。他依靠給予他保護的普通法律，而踢開他認為壓迫他良知的特殊法律。他忘記或不肯費神想一想，如果人人都像他那樣做，社會這臺機器就會停止運轉。他當然沒有弄清楚，在一個社會裡，如果每個人只要自以為一項法律是錯誤的就要求有權對這項法律不予遵守，那麼，這個社會如何能維持下去。事實上，一個過於脆弱的人是可能與不充分的社會責任感調和一致的，這種結合是不幸的。我們可以公正地說，如果國家必須對個人給予最周到的考慮，那麼個人也相應地欠國家的情。有了這種相互的關懷，隨著公民意識的加強，法律和良知之間的矛盾就可以縮小到最低限度，儘管它們的澈底和解將永遠是個問題，直到人們對社會和諧的基本條件一致表示同意才能解決。

另一方面，可能有人會問，我們強調個性的自由發展，豈不是把社會對其成員的責任一筆帶過了？我們都承認社會對兒童負有責任，但是成人不是同樣也需要關懷和照顧嗎？

白癡、弱智者、低能者或酒鬼怎麼辦？對於這類人，理性的自主作何解釋？他們除非受了壞榜樣的影響，一般只會傷害自己而不會傷害別人。但是撇開其他一切考慮不談，僅考慮到他們本身的利益，我們對他們難道就沒有責任嗎？我們難道沒有權利純粹從他們本身的利益出發，而不考慮其他一切，來對低能者加以照顧，使酒鬼戒酒嗎？如果是這樣，我們難道不應該擴大可允許強迫的範圍，並承認爲了自己，不爲任何其他目的，可以強迫他做我們認爲對的事而不做我們認爲錯的事嗎？

回答是：這番道理正是在它企圖概括的一點上所欠缺的。我們不得不把瘋子關起來，這是因爲除了他們本身利益外，還考慮到社會的理由。但是即使沒有其他理由，他們本身的利益已是一個足夠充分的理由。對於瘋子來說，由於他們遭遇的不幸，自由（如同我們從這個字眼所理解的）是無法應用的，因爲他們無法進行理智的選擇，因此也無法獲得使自由顯得寶貴的那種發展。低能者的情況同樣也如此，如果還沒有按照同樣原則來對待，那只是因爲他們這種人被當作一個典型的非理性者。但是酒鬼就他是一種無法自我控制而只能任其發展的衝動的犧牲者而言，在某種程序上也屬於這種情況；至於是否應該把酒鬼作爲保護對象，這個問題應該在各種不同情況下視保護性管制期內他所保留的自制能力是削弱還是得到恢復而定。所有這一切裡面沒有任何東西涉及作爲自制能力的價值的自由要素。它只證明一點：只要一個人不具有自制能力，使他免於痛苦就是對的，如果情況允許，可以把他置於衝動最容易恢復正常平衡的條件之下。還可以補充一點：就酒鬼來說——我認爲這個論點適用於所有易於控制意志的強烈衝動事例——一個更明顯和重要的責任是去除誘惑的根源，把一切利用人的軟弱、不幸和惡行得益的企圖看作是最嚴重的反社會行爲。這有點像一項極其不平等的契約，誘惑者冷酷地謀求利益，受害者被內心的一個惡魔所困擾。這裡存在著一種強迫，眞正的自由精神必定能看出這是它的敵人，另外還存在著一種對別人的傷害，其眞實性並不因爲它的武器是一種強迫別人同意的衝動而有所減弱。

我下結論說，自由學說中沒有任何東西會阻礙普遍意志在其眞正有效的領域內活動，一個關於普遍意志的目的和方法的公正概念中沒有任何東西會妨害自由來履行其價值所在的社會功能和個人功能。自由和強迫具有相輔相成的功能，而自主的國家既是自主的個人產物，又是自主的個人條件。

因此，我們不難理解，爲什麼擴大國家控制會與堅決反對侵犯自由同時進行。這不是一個增加或減少的問題，而是改造和限制的問題。工業立法迅速發展的時期也曾看到對諸如國家建立一個學說性的宗教教義堅決表示反對。[1]追根究底，是同一個自由概念和同一個共同意志概念促使人們對工業加以管理以及使宗教信仰和宗教教義脫離國家控制機構。

到目前爲止，我們談的是國家強迫個人做什麼。如果我們轉向國家爲個人做什麼，就會產生一個不同然而相似的問題，我們必須注意一種相應的輿論趨勢。如果國家爲個人做他應該自己來做的事情，這對個人的性格、主動精神和進取心會有什麼影響？這其實不是一個關於自由的問題，而是一個關於責任的問題，就是這個問題引起了許多探索，人們對它的看法經歷了很大的變化。例如，關於貧窮，舊的觀點認爲第一需要的是自助自救。每個人必須爲自己和他的家庭提供生計。當然，如果他徹底失敗了，絕不能讓他和他的家庭挨餓，《濟貧法》（*Poor Law*）機構就出來爲他解決問題。但是窮人的每一個眞心朋友必須力求使他們脫離《濟貧法》這臺機器。一八三四年前的四十年歷史告訴我們，隨意使用公款對不適當的工資給予補助產生了什麼後果。它僅僅意味著工資標準降低了，因爲人們能夠依靠政府救濟來彌補不足，同時，由於窮人和辛勤勞動的工人處於同一地位，獨立勞動的刺激也削弱了。總之，如果企圖用他人的幫助來代替個人努力，其結果只會逐步損害個人主動精神，最終使工資標準降低。例如，人們感到——這一點是針對有關養老金（old age pensions）的建議提出的——如果一個人抱有的目的沒有充分開展活動的餘地，他結果就會滿足於比較低的工資；如果他出了事故雇主賠償給他，他就不會主動爲事故預做安排；如果他的子女靠納稅人養活，他就不會掙錢去養活他們。因此，一方面，人們堅決認爲，工資比率會自動適應掙工資者的需要，如果他的需要從其他來源得到滿足，他的工資就會降低，結果表面的救濟大部分將會落空，而最後，鑑於個人努力的刺激減少，勞動生產率將會下降，工業刺激將會減少，全社會將更加貧窮。另一方面，人們認爲，無論工人階級的狀況悲慘到什麼地步，解救他們的正確方法是相信個人的進取心，而按照某些思想家的看法，可能要相信自願聯合。採取這些方法，勞動效率就會提高，正常的工資酬報也會增加。透過堅決取消一切外來援助，我們應該教育工人自立，在訓練過程中吃點苦，將來卻大有可爲。他們會逐步達到經濟獨立，那時他們就能面對生活的各種風險，不是依賴國家，而是用他們自己的頭腦以及他們自己健全雙臂的力量。

這些見解已不再獲得人們的同意。在各方面，我們發現國家正在積極幫助各窮苦階級，而絕不是只幫助窮人。國家在教育兒童，提供檢疫，用納稅人的錢給貧民發放食物，透過勞工介紹所幫助他們就業，努力組織勞工市場以減輕失業，並爲所有其收入低於每週十三先令的人發放養老金，而不要求他們作任何貢獻。就這一切來說，國家難道是在廣闊和慷慨然而輕率的慈善道路上盲目前進嗎？國家是對或者能對個人主動精神和個人或父母責任的影響漠不關心嗎？或者，我們是否可以這樣假定：一些比較聰明的人清楚地認識到他們在幹什麼，已從一切方面對問題進行了研究，而且接受關於國家的義務及個人的責任等合理概念的指導？我們到底是在——因爲事實上正是這個問題——謀求慈善還是謀求正義？

上面我們說過國家的職責是爲頭腦和個性創造能據以發展的條件。現在我們同樣可以說，國家的職責是爲公民創造條件，使他們能夠依靠本身努力獲得充分公民效率所需要的一切。國家的義務不是爲公民提供食物，給他們房子住或者衣服穿。國家的義務是創造一些經濟條件，使身心沒有缺陷的正常人能透過有用的勞動使他自己和他的家庭有食物吃、有房子住和有衣服穿。「工作權利」和「基本生活工資（living wage）權利」就和人身權利或財產權利一樣地有效。也就是說，它們是一個良好的社會秩序不可或缺的條件。在一個社會裡，一個能力正常的老實人無法靠有用的勞動來養活自己，這個人就是受組織不良之害。社會制度肯定出了毛病，經濟機器有了故障。但是，個別的工人是無法把機器修好的。在控制市場方面，他最沒有發言權。如果他的行業裡生產過剩，或者如果引進了一項新的、更便宜的生產技術使得他的那項專門技能——可能是多年應用的成果——成爲滯銷品，這並非他的過錯。他並不指導或管理工業。他並不爲工業的興衰負責，卻必須爲它們付出代價。正因爲如此，他要求的不是慈善，而是公正。可是，要滿足這個要求，卻困難到了極點。這可能牽涉到深遠的經濟改革。對涉及的工業問題可能了解太少，以致我們本意是想把事情做得好些，結果反而把它們弄得更糟。所有這一切說明，要想出辦法來滿足這個對公正的要求是多麼困難，但這並不動搖它作爲要求公正的立場。權利始終是權利，儘管對獲得權利的方法了解得不夠；只要這個國家還存在著由於經濟組織不良而失業或工資過低的人，這始終不僅是社會慈善的恥辱，而且也是社會公正的恥辱。

如果這個關於國家義務和工人權利的觀點正在日趨流行，這一來是因爲共同責任感提高了，二來是因爲經驗的教導。在自由貿易時代早期，希望自助成爲恰當的解決辦法，希望隨著廉價食物的供應和貿易的不斷擴大，普通工人將能透過勤儉節約不僅能在好年景自立，而且還能存一點錢供失業和患病及老年應急之用，這種希望是可以理解的。但是事情的實際進程使這些希望多半落了空。在十九世紀，英國的生活水準確實不斷提高。特別是自從廢除《穀物法》和通過《十小時工作法》（*Ten Hours Act*）前那個悲慘的時期以來，社會進步的確是眞實和顯著的。工會和合作社蓬勃發展，工資總體來說是提高了，生活費用降低了，居住和衛生條件改善了，死亡率從大約千分之二十二降低到不到千分之十五。但是，儘管有這一切改善，即使受工會的集體談判的補充和保護，普通工人要想按照個人競爭路線獲得澈底的、終身的經濟獨立，其前景依然是十分黯淡的。工資的增加和財富的總增長完全不相稱。總體的生活水準是提高了，教育的普及卻帶來了新的需求，要滿足這些需求，生活水準非繼續提高不可。總之，英國的工人階級，儘管節儉程度不及某些歐洲大陸國家，並不能指責他們對未來掉以輕心。互助會、工會、合作社以及儲蓄銀行裡儲蓄的積累表明其增加的幅度是超過工資水準提高的；但是普通的體力勞動者未必能達到充分獨立的目的，亦即爲自己和家人解決生活中的一切危機，只有解決了這些危機，才能使競爭制度眞正適合文明人的需要。倫敦的布思先生（Mr. Booth）和約克郡的朗特里先生（Mr. Rowntree）以及其他人在農村地區所做的精心調查證明，相當一部分工人實際上掙不到一份代表一個普通家庭最起碼生活的全部費用的工資；雖然大部分工人的處境無疑要比這個好些，這些調查依然顯示，即使經濟相當富裕的工人在困難時期也趨向於這條一級貧窮線，比方子女還在求學，或主要掙錢的人到了中年體力開始不支。如果只有大約百分之十的人在一個特定時期眞正生活在貧窮線上[2]，那麼，可以合理地推測，至少有兩倍或三倍的人在其生命中某個時期也必然接近這條線。但是，如果我們從普通一個家庭僅僅能夠糊口的概念上升到這樣一種爲文明生活提供眞正的最低需要，並應付一切意外事件而無需依靠任何外來救濟的工資，那麼，朗特里先生的數字還必須追加，這個數字還沒有計算出來，但是完全可以有把握地說，只有手藝最高超的工匠才能夠掙到可以滿足這種需要的錢。但是，如果情況眞是這樣，那麼，工業競爭制度顯然不能滿足體現在「基本生活工資」之內的道德要求。那種制度不能給人們帶來改善的希望，使聯合王國（United Kingdom）大部分人民都能過一種健康和獨立的生活，這種生活是一個自由國家中每一個公民與生俱來的權利。正是這種慢慢滲入公眾內心深處的信念最終變成了種種有關社會改造的新思想。我提到的各種改革的要點可能體現在個人不能遺世獨立，個人和國家之間有一種相互責任這一原則中。個人對國家的責任是爲自己和自己的家庭勤奮工作。他不應該剝削他的年幼子女的勞動，而應該服從社會的要求，爲他們的教育、健康、衛生和幸福盡心盡力。社會的責任是爲個人提供維持文明生活水準的手段，而僅讓個人在市場的討價還價中盡力掙到工資不算盡到責任。

這個關於社會責任的觀點對公共責任增加了壓力，但是絕對沒有忽視個人責任。應用倫理學的一個簡單原則是，責任應與權力相稱。只要提供有足夠酬報的工作機會，一個人就有權掙錢謀生。他有權利和義務充分利用他的機會，如果他失敗了，他會正當地受到懲罰，被當作一個貧民看待，在極端情況下，甚至被當作一個罪犯對待。但是對於機會本身，他是無法同樣自由地掌握的，它只在有限範圍內被他抓住。工作機會以及工作報酬是由許多複雜的社會力量決定的，沒有一個人，當然也沒有一個工人能夠自己創造。機會要是能夠控制的話，只能由社會的有組織行爲來控制，因此只能公正地分配責任，由社會來處理。

但是，可能有人會說，這不是自由主義，而是社會主義。在尋求個人的經濟權利時，我們曾設想一種社會主義的工業組織。但是像社會主義這樣一個名詞有許多含義，可能既有一種反自由的社會主義，也有一種自由的社會主義。因此，我們將不拘泥於名詞，力求在經濟領域內弄清自由主義的國家觀點。我們要試圖極籠統地說明實行工業福利的基本條件意味著什麼，以及它們如何與財產權利和自由企業的要求協調一致。

◆註解◆

【1】對「非教派主義」（Undenominationalism）最常見的反對是這種主義實際上是一種謀求國家資助的學說性教義。

【2】我沒有把那些生活在朗特里先生所謂的「二級貧窮線」（Secondary Poverty）上的人包括在內，因為這個事例中的責任一部分是屬於個人的。但是，必須記住，極度的貧窮增加了有效管理的困難。

第八章　經濟自由主義

有兩種社會主義與自由主義毫不相干，我稱它們爲機械社會主義（Mechanical Socialism）和官僚社會主義（Official Socialism）。機械社會主義立足於對歷史的錯誤解釋，把社會生活和社會發展現象歸於經濟因素的單獨作用，而合理的社會學起點是把社會看作一個各部分都在其中相互作用的整體。從單獨一點來說，經濟因素至少既是科學發明的原因，也是科學發明的結果。如果沒有全球性相互溝通的需要，就不會有全球通用的電報系統。但是要不是有決定高斯（Gauss）和韋伯（Weber）[1]的實驗獲得成功的科學興趣，就壓根不會有電報。再者，機械社會主義是奠基於一種錯誤的經濟分析，把一切價值歸因於勞動，否定、混淆或歪曲企業的獨特指導功能、使用資本所不可避免的報償、大自然的生產能力以及各種錯綜複雜的社會力量（這些力量由於確定供需動向實際上決定商品交換的價格）。在政治上，機械社會主義假設一種以實際上並不存在的明確階級差別爲基礎的階級鬥爭。現代社會絕對沒有作出明確和簡單的劃分，而是顯示出各種利益愈益複雜地交錯混雜在一起。一位現代革命者在爲「勞工」的利益攻擊「財產」時，不可能不發現他向之呼籲的「勞工」有一半都直接或間接地對「財產」發生興趣。至於對於未來，機械社會主義構想出一種由政府控制工業的順理成章的制度。關於這點，唯一需要說明的是，建立烏托邦（Utopia）並非是社會學的良好方法，這個烏托邦對自由、社會運動和發展準備不足，另外還要說明的是，社會主義者要把他的理想引進實際討論領域，就不應該設計一項制度來整個地代替我們目前的種種安排，而是應該精心制定一個原則，藉這個原則來指導政治家從事在工業結構中糾正弊病、發揚優點的實際工作。一個這樣應用的原則只要含有好的因素就會發展壯大，集體管理工業只要行之有效就會相應發展。烏托邦觀點是空想的，因爲它的目標是一些虛假的念頭而不是活生生的事實。書本上的「制度」作爲一個原則在能夠明智地討論之前，必須加以改造，使它能實際應用於鐵路、礦山、工廠以及辦公室。事實上，社會主義作爲政治中一支實際力量就是靠這種改造獲得進步的，這種改變的目的就是實現唯物主義的烏托邦。

官僚社會主義是一種不同的信條，它由於把自由和競爭混爲一談而輕視自由理想，進而對整個人類也表示輕視。它認爲人類總體來說是軟弱無助的，它有責任仁愛地對待他們。當然，眞正的仁愛必須和堅強相結合，必須爲了普通人本身的利益而把他的生活組織起來。他不必知道自己在被組織起來。社會主義組織會在幕後活動，機構裡還有機構，或不如說幕後操縱背後還有操縱者。表面上，存在著一個菁英階級，一個具有聲望和才華的貴族集團，由他們當官，做實際行政工作。在這些人背後，有著許多團結和進步的委員會，由它們來領導工作。在這些委員會後面，又有一個或更多個決策者，由他們想出各種主意來領導世界。民主統治的把戲可以維持一段時期，但是應該實際承擔社會生活組織工作的共同意志想法被認爲是最幼稚的幻想。決策者暫時可以通過民主形式更容易地工作，因爲民主形式已經具備，要消滅它們會引起動亂。但是統治的實質在於控制的方法。名義上的民主領袖是些無知之徒，只要略施小計，就可以使他們走他們應當走的路，群眾會像羊群一樣跟在後面。統治的技藝在於使人們做你希望做的事而人們自己並不知道在做些什麼，在於帶領他們走而不向他們說明走向哪裡，等他們最後察覺了要想返回卻爲時已晚。這種構思的社會主義在本質上是與民主或自由毫不相干的。它是一個自命不凡的超人的一種組織生活的陰謀，這個自命不凡的人爲每個人決定應如何工作、如何生活，而且的確還依靠優生學家（Eugenicist）的幫助，決定他是否應當活或是否有必要生下來。無論如何，如果他根本不應該生下來——也就是說，如果他出身於一個其性質未被批准的原種——武士（samurai）就會設法使他的種族難以繁衍。

一般的自由主義者如果不覺得自己僅僅是個極普通的人，可能會對這種生活觀表示更大的同情。他確知自己不能爲他人管理他們的生活，他覺得要管理自己的生活已經夠吃力了。但是不管超人是不是喜歡，他寧可照自己的方式而不是照別人的方式去生活，別人的方式也許聰明得多，但不是他的。他寧可娶他自己看中的女人做妻子，而不要那個肯定能爲他生下標準類型孩子的女人。他不願意被標準化。他不把自己當作是人口調查表中的一個項目。他不願穿標準的衣服，吃標準的食物，他要穿他感到舒服的衣服，吃他喜歡吃的食物。有了這種難移的本性，他內心同樣存在著的自由主義恐怕很容易與他達成協議。確實，自由主義促使他更勝一籌。它叫他要考慮別人大致上和他十分相似，也用同樣方式看待生活。當自由主義在他心中說起社會義務時，勸告他不要妄想有一種優越地位，這種地位能使他爲了他的同胞們的本身利益支配他們，而要指望一種同志情誼，本著這種情誼，他會與他們爲了共同的目的而肩並肩地戰鬥。

因此，如果眞有自由社會主義這樣一種東西——到底有沒有還是一個有待研究的問題——它必須明確地符合兩個條件。第一，它必須是民主的。它必須來自下位者，而不是來自上位者。或者不如說，它必須來自全社會，爲爭取更大的正義以及更好的互助組織所作的努力。它必須進行這種努力，不是服從一小撮超人的眞實願望，而是服從絕大多數人的眞實願望。第二，爲了這個理由，它必須重視人。它必須讓普通人在他眞正關心的個人生活中自由發揮。它必須立足於自由，必須支持個性的發展而不是支持對個性的壓抑。人們或許會問，這些目的能相容到什麼程度呢？在什麼程度上能爲公共利益組織工業且既不踐踏個人的選擇自由，也不使主動精神和能力的源泉乾涸呢？在什麼程度上能免除貧窮，或實現經濟平等而不阻礙工業進步呢？提出這個問題，就勢必還要提出其他更重要的問題，經濟學中的「平等」的眞正含義是什麼？比方說，它是不是指一切人都應該享有同樣的報酬，或者同樣的勞動應獲得同樣的報酬，或者同樣的成就應獲得同樣的報酬？經濟學中的公正的範疇是什麼？公正在何處終止，慈善從何處開始？在這一切背後，財產的基礎是什麼？它的社會功能和價值是什麼？對既得利益和時效權利應作何考慮？要在本書有限的篇幅裡詳盡闡述這些根本性的問題是不可能的。最好的辦法是遵循那些來自業已說明的自由主義原則的發展路線並觀察它們在什麼程度上使我們獲得一個答案。

我們知道，國家的職責是爲正常健康的公民創造自食其力的條件。履行這個職責可以從兩方面著手。一方面是提供獲得生產資料的機會，另一方面是保證個人在共同庫存中享有一份。事實上，這兩個方面正是自由主義立法在做的。一方面，自由主義立法正在竭力（儘管目前還是膽小和收效甚微的）扭轉英國農民脫離土地的趨勢。當代的調查研究清楚地顯示，這種脫離並非是緩慢地起作用的，而是經濟力量不可避免的結果。它是從十五世紀開始把公地圈作私有的政策所造成的，圈地運動（Enclosure Movement）從十六世紀中葉到十八世紀部分地停止，在喬治二世（George II）和維多利亞女王（Queen Victoria）在位期間完成。由於這項運動是貴族政治促成的，因此有理由指望由民主政治成功地扭轉，並重新建立一個獨立農民階級作爲勞動人民的支柱。但是，這個試驗涉及某種公有制。工人只有靠國家資助才能獲得土地，自由主義者肯定不認爲國家既然收回了土地絕對所有權，還會重新放棄。相反地，在農業成果的公平分配中，一切從土地本身的特性或位置，或者從被捐稅提高了的價格中獲得的好處，由於它們不是任何人的勞動所生產的，因此不屬於任何人所有，或者（這是同一回事）應該屬於每個人所有，亦即屬於社會所有。此所以自由主義立法力求創建一個不是由小地主而是由佃戶組成的階級，讓這個階級耕種土地，並讓他們獲得自己的勞動成果作爲報答，僅此而已。剩餘產品國家將以地租形式據爲己有。儘管讓國家佃戶獲得防止侵犯的充分保證是可取的，但是地租必須定期按價格和成本予以調整。因此，保守黨的政策是建立自耕農制度來增強財產的選舉力量，自由黨的政策則是建立一個國家承租制，全社會將從其興旺發達獲得利益。一種解決辦法是個人主義的，另一種辦法就其本身而言則近似社會主義理想。

但是，雖然英國的農業可能有一個遠大的前程，它在我們的經濟生活中卻永遠不能恢復統治地位，小塊租用的農地也不大可能成爲普遍的農業形式。工業的主體將愈益掌握在大企業手中，個體工人無論擁有哪些生產工具，都休想與之對抗。因此，對大部分人民來說，保證他們過像樣的生活必然就是保證他們繼續以基本生活工資就業，或者，作爲替換方法，保證他們獲得國家援助。但是，如上面已指出的，經驗顯示，普通工人由競爭規定的工資除了滿足一個普通家庭的正常需要之外，還要應付生活中的風風雨雨，應付患病、意外事件、失業和老年生活是不夠的，而且今後也不大可能會夠。就意外事件來說，國家已使雇主負起提供救濟的責任。就老年來說，我認爲，國家本著一個更合理的原則，已自己挑起這個擔子。精確地理解《養老金法》（*Old Age Pensions Act*）所包含的新政策的原則意義，這是十分重要的。《濟貧法》總體來說已保證老人和窮人免於飢餓。但是《濟貧法》僅僅在赤貧的情況下才起作用。它未能幫助那些曾經自食其力的人。確實，對不少沒有希望儲存一筆錢來使他們過比濟貧院裡更舒適的生活的人來說，《濟貧法》簡直沒有勸誘他們自助。養老金制度取消了赤貧的考察。它提供一個最低限度，一個基礎，在這個基礎上，個人只要節約就有希望過溫飽的生活。它對於自助，對於朋友的幫助或子女的贍養不是麻醉藥而是興奮劑，在一定限度內一切人都能做到。它恰好是自立的條件之一，自願的努力能利用這個條件，但需要自願的努力使它充分實現。

作爲推翻《濟貧法》運動基礎的建議正是這項原則的普遍應用。也就是說：我們不應當救濟窮人，而應當力求使人人都能做到避免貧窮的方法，儘管在這樣做的時候，我們應該要求個人方面也要相應地努力。滿足這些條件的一個方法，是爲個人提供一個可據以腳踏實地去做的基礎，就像在老年方面所做的。另一個方法是國家援助的保險，在這方面，自由黨立法者正在進行試驗，希望能用它來解決病弱傷殘以及一部分失業問題。第三個方法可用少數濟貧委員解決守寡或被遺棄的幼童母親的問題的方法來說明，這個問題目前往往充滿悲劇色彩。迄今爲止，這類婦女一直被看作賑濟的物件，需要樂善好施者幫助她保住她的家，同時一直認爲她有義務不惜一切勞力出去工作，免得靠領取公費救濟金過活。新的權利和義務概念清楚地見諸委員們的下述論點：如果我們眞正相信我們就母親的義務和責任所說的一切，我們就應當承認，幼童的母親留在家裡照料她的孩子，要比她出去做打雜工，聽任孩子在街上無人看管或交給鄰居馬馬虎虎看管，對社會貢獻更大，更值得金錢酬報。我們認識這個論點的力量以後，就會改變對這個事例中公家援助性質的看法，我們不再認爲強迫母親出去做打雜工是可取的，也不再認爲她拿公家的錢是丟臉的。事實上，我們已不再把公家的錢看作施捨，而是把它當作對一項公民服務的報酬，我們需要的正是她不應該透過掙錢來增加收入，而是應該使她的家值得尊敬，並撫養她的子女，使他們健康和幸福地成長。

在爲競爭制度辯護時，有兩個論點過去和現在始終很流行。第一個論點是以工人階級的酒癮爲基礎。據說工人把剩餘的收入都花在喝酒上，如果他們沒有留下點錢來儲蓄，那是因爲他們把錢都用在酒店裡了。這個論點正在迅速受到喝酒惡習的實際改變的衝擊。兩個世代前革除了英國富有階級酗酒惡習的戒酒浪潮，目前正迅速席捲所有階級。酒帳依然過高，一個普通工人每週工資花在喝酒上的比例依然很大，但是數目正在減少，過去關於增加工資就是增加酒帳的擔憂可能是合理的，但現在已不再能被認爲是反對改善工人物質條件的正當理由。在經濟繁榮年代，酒帳已不像過去那樣大幅度增加。第二個論點遭到了甚至更爲決定性的打擊。直到今天，人們一直振振有辭地說：人民大眾物質條件的任何改善都將導致人口出生率的增長，出生率的增長擴大了勞動力的供應，將自動地使工資降低到原來的水準。將會有更多的人，他們的生活會像從前一樣悲慘。出生率的實際下降，無論有什麼其他後果，已駁斥了這個論點，使它無立足之地。出生率並不隨繁榮增長，反而下降了。不用害怕人口過剩，如果目前存在著危機，這是在別的地方。這兩個論點的下場必須被看作我們已經指出的輿論改變中的一個極其重要的因素。

儘管如此，可能還有人會認爲我所粗略說明的制度充其量不過是一個大規模的國家慈善組織，作爲這種組織，它必然會產生與大規模慈善有關的結果。它必然會使能量的源泉乾涸，破壞個人的獨立自主精神。關於第一點，我已經提到某種相反觀點的有說服力的論據。國家正在做的事情，還有如果設想中的一系列改革全部實現後國家將會做的事情，是絕對滿足不了正常人的需要的。他還得花大氣力掙錢謀生。但是他將會有一個基礎，一個根底，在這個根底上可以建立起眞正的充足。他將會有更大的安全，更光明的前途，更充分的自信，相信自己能立於不敗之地。生活的經驗顯示：希望是比恐懼更勝一籌的刺激劑，自信是比惶惶不安更勝一籌的心理環境。絕望有時能驅使人們不顧一切，但這種效果是瞬間即逝的，要使它永遠存在的話，需要一個更穩定的環境來培養那種形成正常健康生活的自制和幹勁。有人會濫用他們的優勢，也有人會濫用每一種社會機構。但是總體來說，當個人責任的合法範圍適當劃定，亦即個人肩上的擔子不是沉重得非常人所能忍受時，個人責任就能更明確地規定，並能更有力地予以強調。

但是，可能有人會說，依賴外來援助是會破壞獨立自主精神的。謀求私人慈善援助確實會有這種後果，因爲它使一個人依靠另一個人的恩惠。但是，一種能被人當作合法權利的援助就不一定會有這種後果。再者，慈善之所以降低獨立努力的價值，是因爲它的對象是失敗者。它是對不幸的補償，很容易轉化爲對怠惰的鼓勵。另一方面，權利這樣東西是由成功者和失敗者同等享受的。它不是在賽跑中讓弱者先跑幾步，強者慢跑幾步，而是在和命運的賽跑中，強弱雙方都要跑相同距離。這使我們接觸到一個眞正的問題：所討論的這類措施到底應被當作慈善措施還是正義措施，當作集體仁愛的表現還是對一種普遍權利的承認？充分討論這個問題涉及複雜的、在某些方面嶄新的經濟概念和社會道德概念，我在本章內無法細談。但是我將盡力把社會和經濟正義概念大致說明一下，因爲它們是現代自由主義運動的基礎。

在研究這個問題時，不妨指出：無論法律依據的是什麼，在實踐中，現行英國《濟貧法》是承認每個人對最低限度生活必需品的權利。窮人可以找政府機關，政府機關必須給他食物和住所。單單根據他是人就有需要這一理由，他對公共資財有留置權。但是，這種留置權只有在他赤貧如洗的時候才發揮作用，他只有符合政府機關規定的某些條件才能行使這種權利，這在濟貧院實行審查後意味著喪失自由。「一八三四年原則」（*Principle of 1834*）是貧民的命運必須比獨立勞工差。也許我們可以這樣來表達當代觀念的改變，說按照較新的原則，社會的責任是保證使獨立勞工的命運比貧民好。本著這個宗旨，對公共財富的留置權擴大和改革了。行使這種權利，並不產生喪失自由的懲罰性後果，除非個人方面證明有侵犯他人權利行爲或玩忽行爲。基本論點是，在一個像聯合王國那樣富裕的國家裡，每個公民都應該有充分辦法，憑藉對社會有用的勞動來獲得能度過一種健康文明生活所必不可缺的物質支援。如果在工業制度的實際運行中，辦法供應不足，他就可以不是以慈善而是以權利的名義要求用國家資財來彌補。

財產權是我們大家都承認的。對財產是不是還有一種普遍的權利？一種經濟制度，透過繼承法和遺贈法使巨大的不平等永久存在，這種經濟制度是不是根本就錯了？絕大多數人生下來除了他們能靠勞動掙得的東西外一無所有，而少數人生下來卻擁有超過無論哪個有功勞的人的社會價值的東西，對於這種情況我們應不應該默認？在一種合理的經濟道德方案中，我們應不應該允許社會成員有一種眞正的財產權，可以對公共資財提出最低限度的要求？也許有人會說，這個主意不錯，但是撇開倫理道德不談，不大幸運的人又能依靠什麼資財呢？英國幾乎沒有集體財產可供這種用途。英國的歲入靠的是稅收，到頭來只能爲了窮人的利益而對富人徵稅，人們會說這既不是正義，也不是慈善，而是赤裸裸的掠奪。對此我要回答：公共資財枯竭是嚴重經濟失調的徵兆。我要說，財富既有個人基礎，也有社會基礎。某些財富，例如城市和城市周圍的地租，主要是社會創造的，只因過去時候政府處理不當，才落入私人手中。財富的其他巨大來源是金融和投機活動，往往具有明顯的反社會傾向，只因爲我們的經濟組織有缺陷才成爲可能。其他原因是我們的酒法以及允許市政服務由私人操縱的舊的做法所造成的部分壟斷。通過繼承原則，這樣積累起來的財產代代相傳，其結果是，一小批人生下來就到手一份文明的物質利益，而爲數眾多的人可以說「赤裸裸地來，赤裸裸地去」。這個制度必須澈底予以修改。人們強調說，這種狀況下的財產不再是一項每個人都能據以獲得自己勞動成果的制度，而是成了一種工具，工具的主人能按照他一般都能自己規定的條件來支配他人的勞動。這個傾向被認爲是不可取的，必須通過一系列協同一致的財政、工業和社會措施來加以糾正，這些措施能增加社會所掌握的共同財富，並如此地使用，讓所有那些不因懶惰、傷殘或犯罪而喪失有利地位的人在經濟上獲得獨立。早期曾有過形形色色的公社，在這些公社中，每個人生下來都各得其所，每個人都獲得一份公地。在消除這項制度的最後殘餘時，經濟個人主義爲巨大的物質進步奠定了基礎，但卻以人民大眾失去幸福爲巨大代價。經濟學的主要問題不是消滅財產，而是使社會的財產概念在適合現代需要的條件下恢復其正確地位。要做到這點，不能用我們在古代史上聽過的那些生硬的重新分配方法，而只能用下述方法：把財富的社會成分和個人成分區別開來，把社會成分的財富上交國庫，由社會掌握，以滿足社會成員的基本需要。

財產的基礎是社會的，這有兩種意義。一方面，是社會的有組織力量保護財產所有人，防止偷盜掠奪，從而維護財產所有人的權利。儘管受到許多批評，不少人似乎還是認爲財產權是造物主或上帝賜給某些幸運的人，彷彿這些人有無限權利把國家當作他們的奴僕來指揮，讓他們透過自由運用法律機制來盡情享受他們的財產。他們忘記了，要是沒有社會的有組織力量，他們的權利連購買一個星期的日用品也不值。他們沒有捫心自問，要是沒有社會所維持的法官、警察和穩定的秩序，他們將會落得什麼下場。一個春風得意的商人，自以爲發財完全靠自己的力量，他沒有好好想一想，要不是有安定的社會環境使工商業能夠蓬勃發展，要不是有安全的水陸交通，要不是有大批熟練的工人，要不是有文明供給他支配的智慧，要不是有總體世界進步所創造的對他生產的東西的需求，要不是有歷代科學家和工業組織者集體努力創造出來而被他理所當然地使用的各種發明，那麼，他在成功道路上將寸步難行。如果他挖一挖他擁有的財產的根，他就得承認，既然社會維護並保證他的財富，因此社會也是創造財富的不可或缺夥伴。

這裡就產生了財富是社會的第二種意義。價值有一種社會因素，生產也有一種社會因素。在現代工業中，個人要完全靠自己一人的力量是什麼也做不成的。勞動分工極其精細，勞動既然是分工的，就只能是合作的。人們生產商品供出售，其交換率亦即價格，是由供需關係確定的，供需率則由各種複雜的社會力量決定。在生產方法中，每個人都盡量利用一切可利用的文明手段，利用他人的智慧所創造的機器以及文明所贈與的人類機構。因此，社會提供條件或機會，對於這些條件或機會，有些人利用得遠遠比其他人好，對它們的利用就是生產中的個人因素，它是個人索取報酬的基礎。維持並刺激這種個人努力是良好經濟組織所必不可少的，這裡我們無需問到底有沒有一種社會主義概念能滿足這種需要，但是我們可以有把握地說，沒有一種忽視這一點的社會主義能持久地獲得成功。另一方面，一種個人主義如果忽視財富的社會因素，就會耗盡國家的資源，使社會失去它在工業成果中應得的一份，結果就是造成財富單方面的、不公正的分配。經濟公正是把不僅應該付給每個人而且應該付給每一種履行有用服務的社會功能或個人功能的東西如數付給，而這種應該給付的東西是按照刺激和維持那種有用功能的有效運用所必需的數額來計算的。功能與生活資料之間的平衡是經濟平等的眞正含義。

要運用這個原則來調整以社會爲一方，財富的生產者或繼承者爲另一方的要求，就必須把各種並非在一切情況下都容易區別的生產因素予以區別。如果就上文提到的城市土地來說，區別是相當明顯的。倫敦一塊地皮的價值主要應歸功於倫敦而不歸功於地主。說得更準確點，價值一部分歸功於倫敦，一部分歸功於英帝國（British Empire），再有一部分歸功於西方文明。但是，由於這些附屬的因素是無法擺脫的，價值的全部增值應歸功於這個或那個社會因素是極其明顯的，這就說明爲什麼自由主義觀點堅決認爲地皮價值按理是社會財產而不是個人財產。特准兼售酒類場所的壟斷價值（它是爲了控制酒類買賣而制定的法律直接創造的）是另一個合適的例子。社會處理這些事情所遇到的困難是它已經聽任這些財富的來源從它手中流失，這類財產自由地在市場上轉手，相信它和任何其他財產一樣過去和現在都依靠相同的法律基礎。因此，社會不可能堅持它的全部要求。社會要恢復它的全部權利，就只能讓個人吃苦頭，使工業制度受到震動。社會所能做的是逐步使捐稅從應歸功於私人進取心的財富轉向依靠本身集體發展的財富，從而逐步收回它自己的集體勞動成果的所有權。

原則上困難得多的是貫穿整個生產過程的更籠統的社會價值因素問題。這裡我們是在處理一些在運轉中如此錯綜複雜地交織在一起的因素，只能用間接方法把它們區分開來。要最佳地理解這個方法，我們可以設想工業制度有一個努力貫徹上面已粗略說明的酬報原則的澈底中央化組織。我們設想這個中央組織是如此地英明和公正，能爲每個人找到合適的地位，給每個人應有的酬報。如果我們的論點是正確的，這個組織會感到必須給每一個生產者（無論他是用手還是用腦工作、無論是領導一個工業部門還是聽人指揮）以這樣的酬報，這種酬報能夠激勵他盡最大的努力，並使他保持終身發揮功能所必需的條件。如果我們認爲年復一年所產生的財富有一大部分來源於社會是正確的，那麼，在支付這個報酬以後，還會有剩餘，這個剩餘就應該歸社會所有，可用於公共宗旨，用於國防、公共工程、教育、慈善以及促進文明生活。

但是，這僅僅是一個想像的描述，我無需問政府是否能達到這種程度的英明，或這種程度的中央集權會不會產生阻礙其他方面進步的後果。這幅圖畫僅僅用來說明公平分配的原則，國家應根據這個原則來處理財產。它說明了我們的經濟公正概念，從而也說明了我們應據以調整稅收和改組工業的方針。我可以舉兩個例子來說明它的意義。

在現代條件下，私人財富的一個重要來源是投機。這是不是也是社會財富的來源？它爲社會生產什麼東西嗎？它是不是履行一種功能，我們的理想的政府認爲必須爲它付出代價？我以每股一百一十鎊的價格買進若干鐵路股票。一、兩年後，我抓住一個好機會，以每股一百二十五鎊的價格賣出。這筆多出來的錢是勞動所得還是非勞動所得？單就這宗買賣來說，回答是清楚的，但是可以說，我在這宗買賣中的好運氣可能被另一宗買賣中的壞運氣所抵銷，這是沒有疑問的。但是，如果兩相抵銷的結果，我用這個方法發了一筆財，或賺了一筆錢，這筆財或這筆錢似乎不是靠生產服務獲得的。對此可以回答說：股票的買主和賣主是在間接地履行著調整供需從而控制工業的功能。只要他們是老練的商人，對某一個市場有豐富知識，情況可能是這樣。如果他們是業餘性地涉足市場，希望時來運轉撈一筆，那他們就有點像賭徒。我不敢肯定兩種人當中哪一種人居多。我只指出，從表面上看，從這種特殊來源賺來的錢似乎是屬於一種精明或幸運的人能夠對生產者徵收的稅的性質，而不是他們本人對生產作出一定貢獻而獲得的酬報。對這個觀點有兩個來自經驗的測試方法。其一是，應該設計一種集體組織來縮小投機市場的重要性。我們的原則將會表明遇到有機會時試圖這樣做是適當的。其二是，對從這個來源獲得的收入徵一項特別稅，經驗將會很快地說明這種稅是否眞的會阻礙任何階段的生產和分配過程。如果不會，那麼這種稅就證明是正當的。它會證明，個人獲得的總收益超過了（至少從稅的數額來看）維持該項經濟功能所必不可少的報酬。

另外一個例子是遺產。這是當代社會和經濟結構中的一個決定性因素。從我們的原則可以清楚地看出，遺產與逐日創造的財富的性質完全不同。它只能用兩個理由來辯護。一個理由是因法定期限而獲得的權利以及經濟秩序的基礎難以破壞。如果採取暴力和草率的手段，這個理由是無可辯駁的，但如果實行溫和而行動緩慢的經濟改革政策，這就根本不成其爲理由了。第二個理由是遺產發揮好幾種間接的作用，撫養子女和建立家庭的願望是對發憤圖強的一個刺激。有閒階級的存在爲獨創能力的自由發展提供了機會，並供應無私的男女人們爲國家效勞。我要再一次指出：唯一能判明這些論據的價値的測試是以經驗爲根據的測試。透過繼承取得的財產和透過努力獲得的財產顯然是不一樣的，自由主義政策最初將勞動所得和不勞而獲加以區別是正確的，唯一失實之處，是從資本或土地獲得的收入可能代表個人的儲蓄而非他繼承的財產。眞正的區別是在繼承所得與勞動所得之間，雖然對勞動所得的財產徵稅可能減少工業利潤，並削弱工業的原動力，但絕不能說明對遺產增稅必然會有那個結果，或者必然會嚴重擾亂任何其他社會功能。再者，它是一個只有經驗才能決定的問題，如果經驗顯示我們能夠對遺產徵稅而不減少資金的有效供應，也不失去任何有價值的服務，那麼，其結果將是純利益。國家絕不能是唯一的生產者，因爲在生產中，個人因素是極其重要的，但是國家既擴大對自然資源的控制，又擴大對過去積累的遺產的控制，卻是不受限制的。

如果自由主義政策不僅致力於將勞動所得和不勞而獲區別開來，而且還致力於對從一切來源獲得的大宗收入徵收附加稅，那麼，我認爲，其基本原則會產生這種懷疑：任何一個人對社會的價値是否眞能像某些人所達到的那樣大。當然，如果世界的巨大財富落入偉大的天才之手，這種懷疑就另當別論了。我們無法決定應該給莎士比亞（Shakespere）、勃朗寧（Browning）、牛頓（Newton）或科布登付多少錢。這是不可能的，但幸而也是不必要的。因爲天才是受他本人渴望給予的心理所驅使的，他向社會索取的唯一報答是不要干擾他，讓他呼吸寧靜和新鮮的空氣。實際上，儘管他的貢獻很大，他所能索取的也不過是那麼一丁點超過思想和創造生活所必不可少的東西，因爲他的創造力是對內心衝動的一種反應，這種衝動促使他不顧任何其他人的願望而一往直前。大工業組織者的情況有所不同，但是只要他們的工作就社會意義來說是正當的，他們同樣也是受內心需要驅使勝於受眞正的貪財心理驅使。他們獲得鉅額利潤是因爲他們的工作達到這樣一個等級，如果差額是合理的，那肯定是個大數目，他們無疑會對金錢感興趣，把金錢既作爲他們成功的象徵，又作爲社會權力增強的基礎。但是我相信，金錢的貪欲對這種人的直接影響是被無限誇大了的，我願舉出兩點作爲證明。第一，這類人當中有不少人願意接受有可能減少他們的物質利益的措施，個別的人甚至積極促進這類措施；第二，不少有高度經商能力的人在政府機關供職，這些人心裡一定非常明白，他們的薪俸與他們在商業競爭中賺得的錢是不可同日而語的。

因此，總而言之，我們可以認爲，附加稅的原則是基於這樣一個認識：一年約五千英鎊的收入已接近個人的工業價值的極限。[2]對超過那個數目的收入徵收累進所得稅未必會挫傷任何具有眞正社會價值的服務，倒可能會把對無限財富、對社會權力的反社會狂熱壓下去，把炫耀自己的虛榮心打掉。

這些例證也許足以具體說明作爲社會功能支柱的經濟公正概念。它們同樣也說明國家的眞正資源要比一般人所認爲的巨大且豐富得多。稅的眞正功能是爲社會爭取財富中來源於社會的部分，或者說得更透澈些，一切不是源自於個人努力的東西。當基於這些原則的稅被用來爲廣大人民群眾創造健康的生存條件時，可以清楚地看出，這絕不是把甲的東西剝奪來送給乙。甲並沒有被剝奪。除了交稅以外，倒是甲剝奪國家。一項能使國家獲得一份社會價值的稅，不是從納稅人有無限權利可稱爲己有的東西中扣除的某種東西，而是把一樣應歸社會所有的東西償還給社會。

但是，徵得的稅爲什麼偏偏應該給窮人呢？既然甲沒有被剝奪，爲什麼乙應該受惠呢？既然甲也是社會一分子，爲什麼不可以把徵得的稅用在一樣對甲和乙都有關係的東西上面呢？毫無疑問，公款唯一的正確處理方法是把它用在有助於促進公益的事情上面，而事實上，公共開支使所有階級都受益的方面確實不少。值得指出的是，甚至有些其直接目的與貧苦階級有關的重要支出部門，情況也是如此。以公共衛生爲例，它不僅對於如果取消公共衛生就首當其衝的貧窮地區有利，即使對於富有地區也同樣有利，因爲富人雖然能與窮人隔離，卻逃避不了傳染病。在過去時代，法官和陪審員跟囚犯一樣，都可能感染監獄裡流行的斑疹傷寒而死去。還有，以教育爲例，它不僅對工人有經濟價值，就是對工人所服務的雇主同樣也有經濟價值。但是當所有這一切都考慮周全以後，必須承認，我們是打算把一大部分公共開支用來消滅貧窮。這項開支的主要理由是：防止人們因缺少舒適的生活用品而受苦是公益的一個重要組成部分，是一個所有人都必須關心，所有人都有權利來要求和有義務來履行的目標。任何公共生活如果以參加公共生活的人當中哪怕一個人受可以避免的苦爲基礎，這種公共生活就不是一種和睦的生活，而是一種不和的生活。

但是還可以更進一步。我們一開始就說明過，社會的功能是爲全體正常人提供手段，使他們能藉助有益工作獲得過健康而有效生活的必需品。現在我們可以看出，這是屬於經濟公正原則的一件事，也是最重大、最意義深遠的一件事。經濟公正原則規定，每一種社會功能都必須獲得足以在每個人的一生中刺激和維持這種功能的酬勞。這種酬勞應該有多少，也許只有透過專門實驗才能確定。但是，如果按照我們一直在遵循的思想，假定一切健全的成年男女都應該過文明人的生活，過勤勞的工人、好的父母、奉公守法的公民的生活，那麼，社會的經濟組織的功能就在於使他們獲得過這樣一種生活的物質手段，社會的直接義務就是注意這些手段在哪些方面不足，並予以補充。因此，社會效率狀況標誌著最低限度的工業酬勞，如果國家沒有以有意識的行爲來保證這種狀況，那國家就必須以有意識的行爲來保證。如果良好經濟組織的任務是使功能和生計相平衡，這個原則的最先和最重大的應用就是滿足基本需要。它們確定最低限度的酬勞標準，超過這個標準，就需要進行詳盡的實驗來了解增加的服務價值需按何種比率使酬勞相應增加。

也許有人會反對，說這種標準是達不到的。我們可以爭辯說，有些人不值而且永遠也不值一份最高效率的工資。硬要讓他們獲得這種酬勞僅僅意味著淨虧損，從而違反經濟公正標準。它付給一種功能的報酬勢必超過這種功能的實際價值，差距可能大到這種地步，以致使社會崩潰。當然，必須承認，全體人民中有一定比例的人是身體有病、精神有缺陷或道德敗壞的。大家都得同意，對這幾類人必須按照與經濟原則不同的原則來處理。對一類人需要執行懲罰性紀律，另一類人需要終身照顧，還有一類人——精神和道德健全，但身體有缺陷——則不幸必須靠公私慈善機構的救濟。這不是一個爲工作付報酬的問題，而是給受苦者幫助的問題。按照經濟理由和其他更廣泛的理由來如此地進行幫助，使受幫助者盡可能自給自立，這當然是合乎理想的。但是，一般而論，所有爲這幾類人做的事情必須使用剩餘物資來償付。批評者可能提出的眞正問題是：相當一部分收入不到最低標準的工人到底能不能掙得那個標準。批評者可能會說，這些工人的實際價值是按照他們在競爭市場上獲得的工資來衡量的，如果他們的工資達不到標準，社會只要願意和能夠補足差額就可以補足，但絕不可閉眼不看這個事實，即社會在這樣做的時候，不是在履行經濟正義，而是在行善。對於這個問題可以這樣回答：一個沒有財產的工人在和擁有財產的雇主談判時所能索取的價格，絕對不是衡量這個工人實際能增加的財富的尺度。談判是不平等的，低酬勞本身是低效率的原因，而低效率反過來又對酬勞產生不利影響。相反地，生活條件的普遍改善會對勞動生產率產生有利影響。過去半個世紀內，實際工資已有很大提高，但是所得稅收入表明商人和專家的財富甚至增加得更快。因此，有一切理由認爲工資的普遍提高肯定會增加剩餘，無論那種剩餘是作爲利潤歸個人所有，還是作爲歲入歸國家所有。工人階級物質條件的改善作爲社會的一種經濟投資，非但不會賠本，還會獲得更大的盈利。

如果我們嚴格地考慮「基本生活工資」原則上應包含哪些消費因素，這個結論就會得到增強。我們認爲，一個成年人靠勞動獲得的工資應該足夠供養一個普通的家庭，並爲所有風險預做準備。我們認爲，工資不僅應該能夠支付妻子和兒女的吃穿費用，而且還應該能夠應付疾病、意外事故和失業等風險。它應該提供教育費，另外還儲存一筆錢供養老用。如果做不到，我們就認爲掙工資者不能自給。一個沒有任何遺產的非熟練工人實際增加的財富是否比得上這些項目的總費用，這當然是可以懷疑的。但是，在這一點上，我們的另一個原則就開始起作用了。他不應該被剝奪任何遺產。作爲一個公民，他應該享有社會遺產的一份。這一份遺產當他遭遇無論是經濟失調、傷殘還是老年造成的災難、疾病、失業時應該給予他支持。他的子女享有的一份遺產則是國家供給的教育。這些份額是由社會的剩餘財富負擔的。只要財政措施得當，這不會侵害其他人的收入，而一個除了社會遺產中作爲公民人人都有的一份以外一無所有的人，能夠維持生活費用，是應該被公正地看作自立的。

因此，自由主義經濟學的要點是社會服務和報酬相等。這項原則是：每一種具有社會價值的功能都需要有助於刺激和維持有效地履行該功能的酬報；每一個履行這種功能的人，都有權利（按照權利這個詞的嚴格道德意義）獲得這種酬報而沒有權利獲得其他更多酬報；現有財富的剩餘應由社會支配，用於各種社會目的。此外，在相同意義上，每一個能夠履行某種有益社會功能的人都應當有這麼做的機會，他爲此而獲得的報酬應該是他的財產，也就是說，應該由他自己支配，使他能夠按照自己的願望來處理自己的事務。這些權利是社會成員幸福的條件，一個秩序井然的國家應千方百計予以實現。但這並不是說實現這些權利的道路是平坦的，或者能夠通過革命性地改變財產權或工業制度而一蹴可幾。它確實意味著國家一般說來對財產擁有某種太上皇的權力，對工業擁有監督權，而這種經濟主權原則可與經濟公正原則並駕齊驅，成爲經濟自由主義的一個同樣重要的概念。因爲這裡就像在任何其他地方一樣，自由意味著控制。但是國家行使控制權的方式應透過經驗來學會，在很大程度上甚至要靠小心謹慎的試驗。我們力求確定一個原則來指導其行爲，也就是它所要達到的目的。系統的研究方法主要是在經濟領域裡，歷史的教導似乎是：當人們願意把問題逐個地予以解決，而不是把它們澈底摧毀以建立一項吸引想像力的全面制度時，進步就更持久可靠。

很明顯地，這些概念體現著許多構成社會主義教導體系的思想，雖然它們也強調似乎往往被社會主義忘記的個人權利和個人獨立等因素。我要指出的差別在於經濟自由主義對工業中的社會因素和個人因素一視同仁，而空想的社會主義則強調一個方面，空想的個人主義則把全部壓力都施加在另一個方面。我們把和諧概念作爲解決問題的線索，始終如一地按照共同利益來確定個人的權利，並按照構成一個社會的全體個人的利益來考慮共同利益。例如，在經濟中，我們避免把自由與競爭混淆起來，不認爲一個人有權占別人便宜是好事。在這同時，我們不把個人主動精神、才智或能力在生產中的作用減少到最低限度，而是讓它們自由自在地去爭取適當的認同。一個確信其制度的邏輯連貫性和實際適用性的社會主義者，也許會反對這種使各種不同要求協調一致的做法，認爲它是三心二意、不合邏輯的妥協。同樣地，一個認爲社會主義本質上在於消費者的工業合作組織，並確信澈底解決工業問題就在於此的社會主義者，當他考慮生產中的心理因素並研究實現他的理想的方法時，可能會發現自己正沿著小路倒退到這樣一個地點，在那裡他會遇到一些人正在按照這裡提出的原則解決當代一些問題，並會發現自己實際上能夠在經濟自由主義的前列向前邁進。如果情況果真是這樣，那麼，政治自由主義與工黨（Labour）的日益擴大的合作（它在過去幾年中已取代了九〇年代的對立）就絕非僅僅是政治上的權宜之計，而是深深地紮根於民主政治的需要。

◆註解◆

【1】高斯（一七七四—一八五五）：德國數學家。韋伯（一八〇四—一八九一）：德國物理學家。兩人從一八三〇年開始密切合作研究地磁，並於一八三三年發明電磁電報機。——譯者

【2】的確，只要一個有相當能力的人一年仍舊能夠掙五萬英鎊，社會就休想以五千英鎊獲得他的服務。但如果以稅和經濟改革使情況改觀，五千英鎊實際上成為能獲得的最高限額，連能力最強的人也只有花很大力氣才能獲得，那就沒有理由懷疑人們不肯花那麼大的力氣。能力所需要的刺激物不是報酬的絕對數，而是報酬按工業或商業的生產量的比例增長。

第九章 自由主義的未來

十九世紀可被稱爲自由主義時代，但是到了這個世紀的末葉，這項偉大運動卻大大地衰落了。無論在國內還是國外，那些代表自由主義思想的人都遭遇了毀滅性的失敗。但是在許多種值得憂慮的事由中，這是最不重要的一種。如果自由主義者是失敗了，自由主義的命運卻似乎更慘。它正在對自己失去信心。它的使命似乎已經完成。這種信條好像正在僵化失效，變成化石，十分尷尬地夾在兩塊非常積極和有力地活動著的磨石當中——上面一塊是財閥帝國主義（Plutocratic Imperialism），下面一塊是社會民主主義（Social Democracy）。這兩派人好像在對自由主義說：「我們對你了解得十分透澈，我們已經鑽進你的身體，再從另一頭出來。你是可敬的陳腔濫調，老是科布登和格萊斯頓啊、個人自由啊、民族自由啊、人民當家作主啊，嘮叨個沒完。你講的那一套並不是完全不對，但它是不眞實的，令人厭煩的。」兩派人異口同聲地這樣說。「你的那一套過時了。」帝國主義者和社會主義官僚最後說。「這不是麵包和黃油。」社會民主黨人最後說。這兩派人在一切事情上都對立，只有在一件事上一致：他們要把未來在他們之間平分。但是，對他們的一致不幸的是，分配很快就看出是不平均的。無論社會民主主義的最終恢復力有多強，至少在自由主義暫時處於癱瘓時，帝國主義（Imperialism）反動勢力是獨攬一切的。英國的統治階級堅持自己的權利。他們要鞏固帝國，同時也勢把兩個礙事的共和國壓倒。他們要向國外「新俘虜的、死氣沉沉的百姓講授法律」，要在國內透過學說教育來重建教會。在這同時，統治階級要確立酒類利益——說到底，這是從上面實行統治的眞正強而有力的工具。統治階級要用財政特惠的紐帶使殖民地與我們結合在一起，並在保護貿易制的基礎上建立巨大的商業利益。他們的政府，如同新學說最優秀的解釋者所設想的，絕不可對社會良知的人道主義要求漠不關心。他們要制定工廠法，並建立工資委員會。他們要使人民有能力和守紀律。在紀律觀念中，軍事因素很快就占了更突出的地位。但是在這方面，輿論的演變經歷過兩個明顯的階段。第一個是樂觀和擴張階段。英國人天生就是世界的統治者。他會向德國人和美國人伸出友誼之手，把他們看作奉公守法的親屬。居住在世界其餘地方的則是些垂死的民族，他們明顯的命運是被有前途的人種掌管，並被他們的商業辛迪加（Syndicate）剝削。這種樂觀心情沒有維持到南非戰爭（South African War）。它在科萊索（Golenso）和馬格斯豐丹（Magersfontein）遭到了致命打擊，在短短幾年內，恐懼已斷然取代了作爲向國家和帝國團結前進的主要動力的野心。關稅改革運動主要是一種對我們的商業地位不安全感所引起的。對德國的帶點優越感的友誼迅速先被商業妒忌所瓦解，接著又被我們對國家安全的公開憂慮所超越。社會力量全部都集中在巨大的海軍經費上，並把義務兵役觀念強行灌輸給不願聽命的人民。受過訓練的國民不再需要用來統治世界，而是用來保衛本國的領土。

這裡我們不打算多談現代保守主義（Modern Conservatism）迂迴曲折的道路。我們只需要指出一點：現代民主主義（Modern Democracy）面對的不僅僅是傳統的惰性，它面對的是一項具有明確而並非沒有條理的綱領的反動政策，是一個理想，這個理想就其最佳表現〔例如在《晨報》（*Morning Post*）的每日評論中〕來說——效率高、守紀律的國民，一個強大的、自足的、富於戰鬥性的帝國的統治力，肯定會對許多心胸寬大的人產生強大的吸引力。我們所特別關心的是保守主義進程對民主主義的命運所產生的反應。但是，要了解這種反應，要正確估計自由主義的現狀和前景，就必須對上一個世代進步思想的活動作一回顧。當格萊斯頓於一八八〇年成立他的第二個政府時，舊的政黨制度在英國是牢固的。只有聖喬治海峽（St George's Channel）另一側的一幫政客不承認偉大效忠的權威。對於英國有政治頭腦的人來說，自由主義和保守主義的差別堅守住了陣地，這種分歧還不是一種階段差別。偉大的輝格黨家族保持了地位，出身貴族的他們把贓物分了。但是一種新的潛移默化的影響正在起作用。一八七二年達到頂點的繁榮正在衰退。工業發展減慢了；儘管從「飢餓的四〇年代」開始的進展是巨大的，人們正開始理解他們可以從緊縮和自由貿易期望的東西的限度。亨利・喬治先生的著作激發了對貧窮問題的新興趣，而威廉・莫里斯（William Morris）[1]的理想主義（Idealism）給了社會主義宣傳以新的靈感。在這同時，格林的教導和湯因比（Toynbee）[2]的熱情把自由主義從一種個人主義的自由概念的桎梏中釋放出來，爲當代的立法鋪平了道路。最後，費邊社（Fabian Society）使社會主義從天上降落下來，並與實際政治和市政府建立了聯繫。如果英國曾是中太平洋的一個島，前進運動將會是迅速而不離正道的。實際上，各種新的思想概念都反映在一八八〇至一八八五年的議會和內閣中，伯明罕（Birmingham）的激進主義好不容易才與俱樂部的輝格黨原則保持友好關係。重新分配社會力量，使「財產」利益與民主利益混合迫在眉睫，在社會問題上，被一八八四年農業工人獲得選舉權而增強的民主堅持要獲得勝利。在這個時期，愛爾蘭問題達到了關鍵時刻。格萊斯頓先生表示贊成地方自治，黨內的分歧在錯誤的路線上進行。上層階級和中產階級大致上倒向統一主義（Unionism），但是他們帶走了一部分激進分子，而格萊斯頓先生的個人力量使一些人留在自由黨，這些人對民主政治的需要的洞察力絕不是深刻的。政治鬥爭暫時從社會問題轉向地方自治這單獨一個引人注意的問題，新的統一黨享有了二十年幾乎未中斷的優越地位。另外，如果自治問題單獨存在，它也許在一八九二年就解決了，但是與此同時，在八〇年代後期，社會問題變得迫切了。社會主義不再僅僅是一種學術力量，而是已開始影響有組織的工人，並且使工人中較有頭腦的人下決心去解決不熟練工人的問題。從一八八九年碼頭工人罷工起，新統一主義成了公共事務中一支戰鬥力量，工黨的概念開始形成。在新的問題上，已經削弱的自由主義又進一步分裂，它在一八九二年的失敗應多半歸咎於這個更大的原因。而不能單純歸咎於巴涅爾（Parnell）[3]鬧離婚的戲劇性個人事件。從一八九二到一八九五年，執政而沒有立法權的自由黨徒然進一步失去信譽，而帝國主義的崛起則使公眾的興趣全部轉向一個新的面向。工人運動本身癱瘓了，一八九七年機工們的失敗使採取罷工手段來達到社會大改革的希望化成泡影。但是，與此同時，輿論也在悄悄地發生變化。查理斯・布思[4]先生（Mr. Charles Booth）和他的夥伴們煞費苦心地用科學術語詳細闡述了貧窮問題。社會和經濟史逐漸作爲一個嶄新的知識部門而形成。西德尼・韋布夫婦*（Mr. and Mrs. Sidney Webb）[5]的著述有助於澄清工人的有組織勞動和國家的職責之間的關係。眼光敏銳的觀察家能夠追蹤一種更充分、更具體的社會理論的「有機纖維」。

另一方面，在自由黨隊伍中，許多最有勢力的人在敵對勢力的影響下，不知不覺地起了變化。他們在睡夢中變成了帝國主義者，只有當「帝國主義」變得十分具體時，他們才覺醒過來。直到南非戰爭爆發，保守黨政策的新發展才初次迫使一般自由黨人考慮自己的處境。要有一種直率侵權的震動才能使他們猛醒，我們可以把黨內正義觀念作爲有組織力量復活的日子定爲一九〇一年夏，這年夏天，亨利・坎貝爾・班納曼爵士做了反對好戰情緒潮流的演說，並以一句經典名言向戰爭手段挑戰。這篇演說當時被認爲是無可挽救地斷送了他的政治生涯，但事實是，從演說這天起，這個迄今爲止一直受冷遇的黨領袖的名字成了政治集會上受歡呼的信號，一個沒有突出天賦，只是具有性格以及與生俱來的洞察追隨者心思本領的人，在他的黨內獲得了猶如格萊斯頓的地位。這是第一個重大勝利，權利觀念在自由主義心中恢復了原來地位。然後，隨著保守黨的攻勢加強，其含義變得十分明顯，舊自由主義的影響又一個個地復活了。《一九〇二年教育法》（*Education Act of 1902*）使非國教徒行動起來。關稅改革運動使自由貿易採取守勢，教人們懂得自由主義的舊經濟學爲他們做了些什麼。搞實際政治的社會黨和工黨發現他們絕對少不了科布登的教誨。自由貿易財政將成爲社會改革的基礎。自由黨和工黨學會進行合作來抵制關於矯治失業的欺騙性諾言，並維護自由國際交流的權利。與此同時，工黨本身也經歷了攻擊的全部壓力。攻擊並非來自政治家，而是來自法官們，但是在這個國家裡，我們必須懂得法官在很大範圍內實際上就是立法者，這些立法者具有某種執著的傾向，只有制定和廢除法律的機關隨時警惕和不斷努力才能予以制止。在破壞工會的舊的陣地時，法官們建立了現代工黨，並鞏固了它與自由黨的聯盟。在這同時，帝國主義在南非自食其果，保守黨的理想破滅為自由主義復活的滾滾潮流打開了閘門。

潮流絕對沒有消退。如果它不再像一九〇六年選舉中那樣洶湧澎湃，現在也是一股涓涓細流，穩穩地向社會改良和民主政治流去。在這個運動中，一切黨派都足以清楚地看出，自由主義的獨特概念有一種永久性的作用。例如，社會黨人極其清楚地認識到，人民政府不是一個沒有意義的口號，而是一個必須用戰鬥來維護和擴大的現實。他知道要達到自己的目的，就必須應付上議院一人多次投票問題。他不再能把這些問題看作是三心二意的自由黨人為了使注意力從社會問題轉移而設置的障礙。他知道地方自治和權力下放等難題是民主組織的一個組成部分，而且，他照例不僅僅是默認婦女對政治權利的要求，而是因為自由黨遲遲不滿足這個要求，才與自由黨爭吵。自由黨關於和平與緊縮的舊的觀點也被社會黨人承認，同樣也被全體社會改良者承認，認為它對成功地實現他們的目的是不可或缺的。如果國家的歲入全部像時興那樣用來建造最昂貴的軍艦，那麼政府預算就不會減輕人民的疾苦，如果政府的精力被野心或恐懼分散，也就不能專心致志於改善國內條件。另一方面，從格萊斯頓傳統出發的自由黨人已在很大的程度上認識到，如果要保持他的一些舊概念的實質，就必須通過一個適應和發展的過程。他已經懂得，自由貿易雖然為繁榮奠定了基礎，但是並沒有使大廈落成。他必須承認自由貿易並沒有解決失業、工資過低和居住過度擁擠等等難題。他必須深入研究自由的意義，並重視實際情況對平等的意義所產生的影響。作爲和平的使者及擴大軍備的反對者，他已經認識到，把社會的總福利用於進步工具是把它用於戰爭工具的眞正替代方法。作爲一個禁酒者，一方面他正在更多地依靠社會改進的間接影響，一方面依靠消滅壟斷利益，而不是依靠絕對禁酒此一捉摸不定的機會。

因此，在支撐自由黨政府度過一九一〇年危機的各種力量中，具有這樣一種能激發和指導眞正社會進步的有機觀念因素。自由主義已絕處逢生，在與社會主義交換思想的過程中吸取了不只一個教訓，也給了不只一個教訓。其結果是一場更廣泛、更深刻的運動，在這場運動中，頭腦比較清醒的人從黨的名稱的差異背後，不顧某些眞正的逆流，認識到了一個眞正一致的目的。這場運動的前景如何？它能維持久遠嗎？它是我們所比擬的涓涓細流呢？還是一個必然逐漸沉入海底的浪頭？

提出這個問題等於是問：民主政治是否在形式上和內容上都是一個可能實行的統治方式？要回答這個問題，必須問民主政治的眞正意義是什麼，爲什麼它是自由主義概念的必要基礎？這個問題已經被附帶提出過了，我們有理由認爲個人主義者和邊沁主義者對人民政體的論據都是不能令人滿意的。我們甚至表示過一絲懷疑：在某些條件下，自由和社會正義的某些具體要素會不會在一個優勝階級或一個秩序井然的專制政府統治下實現得充分，在選舉權普遍擴大的情況下反倒實現得不充分？既然如此，可能有人會問，我們的民主概念究竟是建立在什麼上面？是建立在社會學（Social Philosophy）的總原則上呢，還是建立在我國或當代文明的特殊條件上？我們的概念又如何與我們的其他社會秩序觀念相聯繫？我們是否認爲民主政治大致上會接受這些觀念，或者，如果不接受，我們是否願意默認它的決定是最後的？我們最終期待的又是什麼？民主政治會堅持自己的權利嗎？它會找到一個共同的目的，並使它具體化嗎？或者還是一錯再錯，成爲恐慌和野心、狂熱和沮喪的消極對象，或者成爲那些其職業是把它隨意捏弄的人手中的呢？

先來談總原則。民主政治不是單單建立在個人的權利或私人利益上面的。這僅僅是盾牌的一面。民主政治同樣也建立在個人作爲社會一員的職責上。它把共同利益建立在共同意志上，同時囑咐每一個聰明的成年人扮演一個角色。一個民族自己不出力，無疑也能獲得許多好東西。它可能有好的警察，有公正的司法制度，有教育，有個人自由，有組織有方的工業。它可能從一個外國統治者、一個開明的官僚或一位仁慈的君主那裡獲得這些好東西。不管是怎樣獲得的，它們全都是好東西。但是民主政治的理論是：這樣獲得的東西缺少一個給人活力的要素。一個被這樣統治的民族就像這樣一個人，他獲得了財產、優秀的教師、衛生的環境、張滿他的帆的和風這一切外在的禮物，但是在他順遂的航程中他自己並沒有出多少力，或根本沒有出力。對於這樣一個人，我們給他的評價還不及給一個在逆境中奮鬥而成就遠爲遜色的人的評價更高。我們所擁有的東西自有它們的內在價值，但是我們如何把它們弄到手同樣也是個重要的問題。社會的情況也是如此。好的政府固然不錯，但是好的意願更勝一籌，甚至不完美的、吞吞吐吐、亂七八糟說出口的共同意願，也可能有獲得更高層級的力量，就算是再完美的機器也無法達到。

但是，這個原則作出一個非常廣泛的假定。它假定有一個共同意願的存在。它假定獲得公民權的人都能參加共同生活，都能眞正對公共事務感興趣，從而對形成一個共同的決定作出貢獻。這個假定落了空，也就無民主政治可言。在這種情況下，進步並不是完全不可能，但是它必須依靠那些看重具有社會價值的東西、透過藝術發明來增進知識或使生活文明化或形成一個狹小然而有效的輿論來支持自由和秩序的人的數目。我們還可以更進一步，無論政府具有什麼樣的形式，進步總是依靠那些如此地思考和生活的人，依靠這些共同利益籠罩他們的生活和思想的程度。但是，全心全意地熱衷於公共利益是難得的。它不是群眾的特性，而是少數人的特性，民主主義者清楚地知道是「殘餘分子」拯救了人民。他僅僅補充一點：這少數人的努力要能夠成功，人民必須願意被拯救。大多數成天在礦山或工廠爲麵包辛辛苦苦幹活的人，他們的頭腦裡是不會永遠塞滿國際政策或工業法規的複雜細節的。指望他們這樣做是荒謬的，指望他們回應和贊成那些有助於國家的道德和物質福利的事情則是不過分的，而民主主義者的觀點是：「殘餘分子」對人民進行說服，占領他們的心靈和願望，要比把一些法律強加在他們頭上，硬要他們服從和接受來得好。在這同時，少數人自身無論多麼傑出，也總是有許多東西需要學習。有些人要比其他人優秀和聰明得多，但是經驗似乎表明，幾乎沒有一個人比其他人優秀和聰明到這種地步，以至能永遠對他們濫用權力而無所顧忌。相反地，最優秀、最聰明的人是這樣的，他願意本著探索的精神深入到最卑微的人中間去，弄清楚他們需要什麼、爲什麼需要，然後再爲他們制定法律。在充分承認領導的必要的同時，必須承認完美的領導藝術在於獲得群眾自願的、心悅誠服的、有識別力的支持。

因此，個人會在極其不同的程度上對社會意願作出貢獻，但是民主政治的論點是：形成這樣一個意願，亦即擴大對一切公共事務的興趣，本身就是一件好事，甚至是一個證明其他好事是否合格的條件。但是，興趣的擴大不是民主政體所創造的，如果興趣既不存在，也不能使之存在，那麼，民主就是一個空的形式，甚至比無用還糟。另一方面，凡是興趣存在的地方，建立責任政府就是其發展的首要條件。即使如此，它也不是唯一的條件。現代國家是一個巨大而複雜的機體。一個選民感到自己迷失在無數選民之中，他對當代各種複雜重大的問題一知半解，意識到他投下的一票對解決問題的作用是多麼微小。他需要的支援和指導是和他的鄰居和工會友人組織起來。例如，他能理解他所隸屬的工會的事務，也能理解他在小教會的事務。它們與他有切身關係。它們影響他，而他感到他也能夠影響它們。透過這些興趣，他接觸到一些更大的問題——一項工廠法案或教育法案——在處理這些問題時，他會作爲一個組織的一分子進行活動，這個組織的投票表決力量集中起來將是一個不容忽視的數量。他體認到了自己的責任，而認識責任乃是一切政府的難題。社會興趣的發展——這就是民主政治——不僅依靠成年人的選舉權以及當選立法機關的優勢，而且還依靠各種使個人與集體聯繫起來的中間組織。這就是眾多理由之一，爲什麼目前在我國被中央化官僚機構摧毀了的權力下放和地方自治是民主進步的要素。

民主政治的成功取決於選民對給予他們的機會的反應。但是，反過來說，給選民機會必須是爲了喚起反應。實行民主政體本身就是一種教育。在考慮給哪個階級、哪種性別或哪個種族以公民權時，著眼點是該階級、該性別、該種族對這種責任可能作出的反應。它會有效地參與研究公共生活的問題嗎？或者會不會是消極的投票，完全受不負責的政客的擺布？這個問題是正當的，但是人們極容易依照那些沒有公民權的人當中發現或自以爲發現的淡漠或無知，而從比較不利的意義上來回答。他們忘記了，在那個方面，給公民權本身可能正是必須用來喚起興趣的刺激物，而當他們爲容許無知的、不負責任的、甚至容易被收買的選民在政府中有發言權的危險所打動時，他們就容易忽視使社會上一部分人處在公民責任圈子以外這一起抵銷作用的危險。政府的實際工作必然影響它與所有生活在其領域裡的人的關係，同時自己也必然受這種關係的影響。要適應良好的話，它至少必須考慮到全體人民中每一個階級的特性和境況。如果有一個階級是沒有發言權的，結果政府在那個程度上就是不了解情況的。不僅僅是那個階級的利益會受到損害，而且甚至就最好的意願來說，在處理它時也會犯錯，因爲它不能爲自己說話。非官方的發言人會自命爲代表它的觀點，也許會獲得不應有的權威，僅僅因爲沒有辦法對他們進行審查。因此，在我們中間，報紙一貫代表輿論是一回事，投票處冷冰冰的統計最後宣布輿論結果又是一回事。只有選票才能有效地把沉默的公民從叫喊者和幕後操縱者的暴虐中解救出來。

我斷言，存在著遲鈍或無知並非是撤銷責任政府或限制選舉權範圍的充分理由。必須提出一種有根據的觀點，認爲政治上的無能是如此根深蒂固，以至於擴大政治權利只會使能力較強的人當中一部分不大道德的人容易發揮不應有的影響。例如，在有色人種中白人農場主實行寡頭統治的地方，總是容易使人懷疑有色人種普遍享有選舉權是否是一種獲得正義的可靠方法。可能存在這樣一種經濟和社會條件，「有色」人只能照他主子吩咐的那樣去投票；如果要讓所有的人都享有基本權利的話，一種像我們的某些直轄殖民地所實行的半專制制度倒可能是最好的。另一方面，一個統治階級或統治種族最害怕的是沒有公民權的人吵吵鬧鬧地要求政治權利，而對於一個民主主義者來說，這正好是在缺少直接經驗情況下相信他們適宜行使公民責任所能有的最有力的理由。民主主義者歡迎沒有公民權的人流露不滿，認爲這是覺醒中的人對公共事務產生興趣的最好證據。官僚們最害怕社會最終分裂，民主主義者卻一點都不怕，因爲經驗已向他充分證明自由、責任和正義感所具有的癒合力。再者，民主主義者不能是一個單單爲自己國家著想的民主主義者。他不能不認識到國與國之間複雜微妙的相互作用，這使得民主政治在每一個地方的成功或失敗都影響到其他國家。近年來，最使西歐自由主義歡欣鼓舞的，莫過於亞洲國家的政治覺醒的跡象。到昨天爲止，白種人成爲世界其他地方主宰的最終「命運」似乎是不可抗拒的。其結果可能是，無論民主政治在一個西方國家內發展得多麼快，它永遠會遇到這個國家與其屬國關係中的相反原則的對抗，而這個矛盾，凡是悉心研究我國政治體制的人都不難看出，是對國內自由的一個持久威脅。亞洲從君士坦丁堡到北京的覺醒是當代最偉大、最有希望的政治現實，而當英國外交部與其他國家合謀把波斯自由扼殺在搖籃裡，只爲了最無情的暴政利益而粉碎一個白種民族的自由時，英國自由黨人卻不得不袖手旁觀，這對他們來說眞是奇恥大辱。

民主主義的事業是與國際主義的事業息息相關的，這種關係是多方面的。今日，民族的驕傲、憤怒或野心席捲民眾的頭腦，轉移了對使國內進步的所有興趣。明日，一種恐慌心理又起了同樣的作用。利用民眾感情已成爲一門藝術，兩個大黨都不以爲恥地加以利用，軍事理想占據了人們的頭腦，軍費把公共資源消耗殆盡。另一方面，其他國家在政治、經濟和社會等方面的進步又對我們自己在這些方面的進步產生影響。我們的商業對手在工業立法方面的落後早就成爲反對我們自己在這方面繼續前進的論據。相反地，當它們超過我們時，就像它們現在經常是的那樣，我們可以向它們學習。在物質上，世界正在迅速地成爲一體，它的統一最終必然在政治制度中反映出來。舊的絕對主權學說（The Doctrine of Absolute Sovereignty）已經過時。今天一些較大的國家展示一種政府裡有政府、權威被權威限制的複雜制度，並非不可能的未來「世界國家」（International State）必須奠基於一種自由的民族自主，就像目前英帝國內加拿大或澳大利亞所享有的那樣充分和令人滿意。民族爭勝將較少地表現在擴大領土或計算兵艦大炮總數的欲望上，而更多地表現爲努力擴大我國對文明生活的貢獻。正和我們在我們的城市生活的新生中發現一種市民愛國精神，對地方大學感興趣，對地方工業的規模感到自豪，對曾經創下犯罪和貧窮的紀錄感到可恥，如今死亡率在全國最低洋洋得意一樣，我們作爲英國人將較少關心我們的兩艘無畏級戰艦可能敵不過德國同樣一艘戰艦的問題，而更多地關心我們在發展科學、教育和工業技術方面是否比不上德國的問題。當我們從目前人爲造成、極其虛僞的民族自卑心理恢復過來時，我們甚至將學會對我們作爲一個國家對統治藝術、對已經創造出現代文明和正在改造現代文明的思想、文學、藝術和機械發明做出的特殊貢獻感到驕傲。

自由主義支持民族自治和國際平等，就勢必與帝國主義觀念發生衝突。但這並不是說自由主義對帝國作爲一個整體的利益、對白人中普遍有的統一感情、對四分之一人類承認一面旗子、一個最高領導這一事實所包含的潛在價值漠不關心。就實行自治的殖民地而言，今日的自由黨人必須面對科布登以來形勢的變化，這種變化和我們在其他方面看到的變化沒有什麼兩樣。今天的殖民帝國（Colonial Empire）實質上是舊的自由主義所創建的。它建立在自治基礎上，而自治是現存統一情感產生的根源。我們當代的難題是想出一套辦法來更具體生動地表現這種統一感情而不損害它所依賴的自治權利。迄今爲止，「帝國主義者」總是按照自己的方式處理問題，並巧妙地利用了有利於母國的階級優勢和反動立法的殖民地輿論或表面的殖民地輿論。但是殖民地當中包括世界上一些最民主的社會，它們自然而然對之表同情的不是保守黨，而是聯合王國最進步的黨。它們贊成地方自治，它們在社會立法方面起表率作用。因此，那裡存在著一種民主聯盟的政治條件，英國自由黨人應予以重視。自由黨人可指望使他的國家成爲一批自治的民主社會的中心，其中一個社會作爲與其他講英語民族大國連接的天然紐帶。新的統一的基本機構開始在帝國議會中形成，其任務是調節帝國各種不同部分之間的利益以及組織共同防禦。這樣一種聯合對世界和平或自由事業都不是威脅。相反地，作爲一種共同感情的自然結果，它是朝一種不包含對自治理想進行反擊的更大的團結前進的步驟之一。它是「世界國家」規模宏大的樣板。

國際主義（Internationalism）爲一方，民族自治爲另一方，是一種社會心理發展的基本條件，這種心理是與形式相對立的民主的實質。但是關於形式本身，最後還必須說幾句。如果形式不合適，意志就無從表達，如果沒有適當的表達，意志到頭來就會遭到挫折和壓制，陷於癱瘓。在形式問題上，民主統治（無論是人民直接統治還是代議政體）的固有困難在於它是由多數人實行的統治，而不是全體同意的統治。它的決定是大部分人民的決定，而不是全體人民的決定。這個缺點是必須作出決定而又不可能獲得全體同意的不可避免的結果。政治家試圖透過對轉變過程使用一種屬於制動器性質的東西來糾正這種情況。他們認爲，要證明任何一項重要的新政策是正當的，必須有一樣不只是勉強多數的東西。必須要嘛有巨大的多數，三分之二或四分之三的選民，要嘛必須克服一種阻力，這種阻力既能考驗作爲新建議後盾的感情的數值，又能考驗它的深度和力量。在聯合王國，我們有一個正式的制動器——上議院，還有幾個非正式的制動器——行政部門、法院對民主議案的長期不變的反對、報紙以及我們稱爲社會的一切。所有這些制動器只朝一個方向開動。對反動沒有約束，這種缺少約束的情況隨著保守黨推行它自己的明確和建設性的政策而變得更加嚴重。在這種形勢下，自由黨就開始藉助削弱官方制動器的戰鬥力量這一簡單方法來對付它，但是，說實話，並沒有對它要用來代替的制動器的性質下定決心。對這個問題說幾句似乎是適當的。對下議院制約的作用是爭取重新考慮。保守黨領袖們指出構成議會多數的偶然因素是正確的。任何一次大選的綱領總是合成的，比方說，一個選民發現自己不得不從一個他贊成其教育觀點的關稅改革者與一個他反對其教育政策的自由貿易者之間進行選擇。這個缺點可以部分地採比例代表制來糾正，無論違反意願與否，自由黨人發現他們愈是堅持下議院的眞正代表性，就愈是朝比例代表制的方向前進。但是，即使比例代表制也不能完全解決選民面臨的問題。普通人對他認爲最重要、最可能立即提供解決的問題投贊成票。但他總是容易發現自己的期望落空，一屆議會實際上是爲了一個問題而當選的，卻可能著手去處理另一個問題。議會法案提出的糾正辦法是擱置兩年，認爲這樣就能進行充分討論，同時有充分機會讓反對意見表達出來。這項提案曾兩次提交選民投票表決，並由選民批准，如果有哪一項立法提案曾被批准的話。它應該使下議院作爲人民的代表能夠對國家的永久性體制自由地作出決定。然而，法案本身並不爲永久性解決作出規定。因爲，讓上議院的構造保持不變，它就只是單方面的制約，僅僅對一些民主議案起作用，這些議案反正要受常設官員、法官、報紙以及社會的攻擊。爲了永久性的使用，制約必須是雙方面的。其次，擱置的原則恐怕不足以制約一個大而頑固的多數。眞正需要的是讓人民有機會去重新考慮一項議案。這可以用兩個方法中隨便哪一個來實現。(1)允許上議院行使中止否決權，把一項議案推遲到下屆議會討論；(2)允許下議院以這樣的方式提出議案，最後讓人民直接投票表決。我個人感到遺憾的是，居然有那麼多自由黨人把公投（referendum）拒於門外。的確，有許多議案是不適宜進行公投的。例如，影響一個特殊階級或特殊地區的議案都容易落空。這些議案在那些主要受其影響的人當中可能獲得絕大多數票，但是在其他地方只勉強獲得同意，也可能人們對需要他們解決的問題缺乏直接知識，結果他們當中的多數人爲了其他一些不相干的目的意圖而把議案否決掉。還有，公投要奏效，只能是關於第一流的議案，而且只有在極其難得的情況下才能向公民請教。就所有兩院分歧無法克服的一般事情來說，政府可以把議案擱置起來，讓下一屆議會去討論。但是另外還有一些緊急的議案、意義重大的議案，尤其是，超越政黨的一般界線、我們的制度無法應付的議案，對於這些議案，直接訴諸人民就是最恰當的解決方法[6]。

因此，我們所需要的是一個完全從屬於下議院的公正的上議院，它無法接觸財政，因而也無法推翻一個內閣，但是能夠將一項議案要嘛提交人民直接投票表決，要嘛等下次選舉的裁決——政府可二者擇一。這樣一個院可由人民直接投票選出。但是選舉次數太多對民主政治的運轉不利，而且難以使一個直接選舉產生的院心安理得地處於從屬地位。因此，作爲替代方法，可以由下議院自行按比例選舉，其成員保留兩屆議會的席位。爲了弭合這個變化，本屆議會上議院半數議員可由目前的上議院選舉，半數議員在本屆議會期滿時退下來，由下屆下議院和今後的每一屆下議院選舉。這個上議院將以同樣比例反映本屆和上屆下議院，各黨之間應保持合理平衡。[7]上議院有充分權利提出合理的修正，也有充分理由在堅持自己觀點時保持克制。如果公眾支持議案，就會明白下議院將會認眞予以處理，無論是通過全民公決，還是在一次大選中重新投信任票，下議院則應當表現一種和解的姿態。他們不願被迫把議案擱起來或訴諸人民。至於他們選擇哪一種方法，他們絕對有權自行決定，如果他們解散議會舉行大選，把一系列公共議案擱起來，等以後再批准，他們會感到自己這樣做是有充分理由的，且覺得是公正的。

形式問題就到此爲止。但是，民主主義的實際未來是寄託在一些更深刻的問題上。它是和文明的普遍進步結合在一起的。我們已經了解，社會的有機性質在一種意義上是理想，在另一種意義上卻是現實。這就是說，沒有一件重要事情在一個方面影響社會生活而不對整個組織產生反應。因此，舉例來說，我們不能維持強大的政治進步而在其他方面不相應地進步。人民如果在工業上處在使他們心力交瘁的條件下，就不能充分發揮他們的政治能力。一個民族如果害怕另一個民族或使另一個民族害怕，就不能在充分意義上說是自由的。社會問題必須從整體來觀察。這裡我們就接觸到了現代改革運動的一個最大的弱點，專門化已滲入政治和社會活動，人們在愈來愈大的程度上把全部精力用在專門一件事上，而把其他一切需要考慮的事置之不理。當今世界進步需要的不是這種說明，也不是這些辯護。我們倒是要向科布登學派學習一個最深刻的教訓。對他們來說，政治問題的分支是多方面的，但是其實質卻是不可分的。那是一個實現自由的問題。我們有理由認爲他們的自由概念是太淺薄了，要理解自由的具體內容，必須懂得它是以相互約束爲依據，並把它作爲互助的基礎予以重視。因此，在我們看來，和諧作爲一種團結的概念能發揮更好的作用。我們還必須以同樣中肯的理論，同樣切合實際的智謀、同樣的激勵早期激進分子、給科布登的統計學以靈感，並使布頓特的雄辯增添光彩的推動力來使它貫徹始終。我們需要少一點狂熱的宗派主義（Sectarianism），多一點團結心理。我們的改革家應該學會少依靠即時成功的宣傳價值而多依靠深刻但卻不大顯眼的實踐或感情的變化，應該少想撈選票，多想如何使人信服。我們需要那些眞正的民主感情之間更充分的合作，對改革程序達成更多的協定。眼下，由於許多事業在前進中爭奪首位，進步受到了阻礙。在這一點上，權力下放會對我們有所幫助，但是更大的助益將是更清楚地認識到一切自命和自稱民主主義者的人進行合作的必要性，這種合作以理解他們自身意義的寬度和深度爲基礎。這個忠告似乎使性急的人掃興，但是他們早晚會發現正義女神以她全部的美點燃了一股激情，它也許暫時不會成爲熊熊烈焰，但將持續地燃燒著，散發出溫暖人心的熱。

◆註解◆

【1】威廉・莫里斯（一八三四—一八九六）：英國作家、工藝美術家和空想社會主義者，主張透過道德和審美教育改造現實社會，建立理想社會。——譯者

【2】阿諾德・湯因比（一八五二—一八八三）：英國社會學家、經濟學家，是最先著手研究產業革命時期工人狀況的學者之一，鼓吹透過發展合作社、工會和政府援助來改善各勞動階級的生活。——譯者

【3】巴涅爾（一八四六—一八九一）：愛爾蘭民族主義者，愛爾蘭自治派領袖。一八七九年任愛爾蘭農民爭取土地改革的土地同盟主席。一八八一年因領導抵制運動，阻止議會通過有關愛爾蘭的土地立法，被捕入獄。在獄中與政府妥協，同意不使用暴力進行鬥爭。後因婚姻問題受輿論非議，政治影響逐漸削弱。——譯者

【4】查理斯・布思（一八四〇—一九一六）：英國社會學家，著有《倫敦人民的生活和勞動》（*Life and Labour of the People in London*）十七卷，闡述社會各階級的生活條件，並分析貧窮原因。——譯者

【5】西德尼・韋布（一八五九—一九四七）：英國經濟學家、社會史學家、費邊社會主義倡導者之一，與其妻合寫《工聯主義史》（*The History of Trade Unionism*）、《工業民主主義》（*Industrial Democracy*）等多種著作。——譯者

【6】財政議案絕對不適宜進行全民公決，這是無需多費唇舌的。財政控制和行政控制是並駕齊驅的，使其中隨便哪一項脫離下議院多數掌握，這不是改革我們的制度，而是把制度徹底毀掉，立法控制情況就不同了。在許多情況下，政府可以坦然把一項立法議案提交人民投票表決。

【7】對這些建議的最佳替換方法也許是一個小的、直接選舉產生的上議院，遇到發生難以克服的爭議時舉行聯席會議，但不得擱置。顯然地，這個建議具有獲得保守黨一定程度支持的優點。

譯名對照表

英文

F. W. 赫斯特（F. W. Hirst）

T. H. 格林（T. H. Green）

一劃

一夫多妻制（polygamy）

《一九〇二教育法》（*Education Act of 1902*）

《一八三四年原則》（*Principle of 1834*）

二劃

《人身保護法》（*Habeas Corpus Act*）

《人權宣言》（*Declaration of the Rights of Man*）

《十小時工作法》（*Ten Hours Act*）

二級貧窮線（Secondary Poverty）

三劃

土耳其（Turkey）

下議院（House of Commons）

上議院（House of Lords）

《女權主義》（*Le féminisme*）

工會主義（Trade Unionism）

工會（Trade Union）

工資委員會（Wages Boards）

工黨（Labour）

《工聯主義史》（*The History of Trade Unionism*）

《工業民主主義》（*Industrial Democracy*）

四劃

中華帝國（Chinese Empire）

公民權利（civil right）

公投（referendum）

《中世紀的政治理論》（*Political Theories of the Middle Age*）

天主教（Catholic）

天賦權利（Natural Right）

天賦自由學說（The Doctrine of Natural Liberty）

反穀物法聯盟（Anti-Corn Law League）

犬儒主義（Cynicism）

比例代表制（Proportional Representation）

牛頓（Newton）

巴涅爾（Parnell）

五劃

印度教徒（Hindu）

印度（India）

卡菲爾人（Kaffir）

卡姆・霍布豪斯（J. Cam Hobhouse）

卡爾・馬克思（Karl Marx）

卡萊爾（Carlyle）

皮姆（Pym）

功利主義者（Utilitarians）

民主代議制（democratic representation）

布賴特（Bright）

布思先生（Mr. Booth）

世界國家（International State）

六劃

地中海（Mediterranean）

自由主義（Liberalism）

《自由主義》（*Le Libéralisme*）

自然秩序理論（Natural Order）

吉爾克（Gierke）

血汗工業（sweated industries）

托爾克馬達（Torquemada）

托拉斯（trusts）

托爾斯泰（Tolstoy）

西德尼・韋布夫婦（Mr. and Mrs. Sidney Webb）

七劃

社會自由主義（Social Liberalism）
《社會學原理》（*Sociology and Philosophy*）
社會主義（Socialism）
社會民主主義（Social Democracy）
社會學（Social Philosophy）
希臘（Greece）
亨利・喬治（Henry George）
亨利・坎貝爾・班納曼爵士（Sir Henry Campbell-Bannerman）
庇爾（Peel）
辛迪加（Syndicate）
伯明罕（Birmingham）

八劃

法國（France）
法蓋（M. Faguet）
阿爾斯特（Ulster）
亞述（Assyrian）
亞美尼亞人（Armenians）
《和平主義》（*Le Pacifisme*）
非教派主義（Undenominationalism）
官僚社會主義（Official Socialism）
武士（samurai）
宗派主義（Sectarianism）

九劃

柏林（Isaiah Berlin）
洛克（Locke）
封建制度（Feudal System）
英國（England）

英帝國（British Empire）

法國大革命（French Revolution）

保護主義原則（Protective principle）

保護主義者（Protectionist）

保守黨（Conservative）

俄帝國（Russian Empire）

《科布登傳》（*Life of Cobden*）

科布登（Cobden）

科萊索（Golenso）

迦瑪列（Gamaliel）

韋伯（Weber）

勃朗寧（Browning）

帝國主義（Imperialism）

南非戰爭（South African War）

威廉・莫里斯（William Morris）

查理斯・布思先生（Mr. Charles Booth）

十劃

《倫敦人民的生活和勞動》（*Life and Labour of the People in London*）

格萊斯頓（Gladstone）

拿破崙（Napoleon）

拿破崙戰爭（Napoleonic War）

個人主義（Individualism）

馬朱巴協議（Majuba Settlement）

馬基雅維利（Machiavelli）

馬格斯豐丹（Magersfontein）

俾斯麥（Bismarck）

索爾茲伯里勳爵（Lord Salisbury）

朗特里先生（Mr. Rowntree）

高斯（Gauss）

烏托邦（Utopia）

財閥帝國主義（Plutocratic Imperialism）

十一劃

曼徹斯特（Manchester）
《曼徹斯特衛報》（*The Manchester Guardian*）
曼徹斯特學派（Manchester School）
《曼徹斯特學派》（*The Manchester School*）
理想主義（Idealism）
密信（lettre de cachet）
梅特涅（Metternich）
專制家長主義（Authoritarian Paternalism）
貧民救濟委員（Poor Law Guardians）
莫利勳爵（Lord Morley）
圈地運動（Enclosure Movement）
莎士比亞（Shakespere）
基本生活工資（living wage）
現代保守主義（Modern Conservatism）
現代民主主義（Modern Democracy）
《晨報》（*Morning Post*）
統一主義（Unionism）
國際主義（Internationalism）

十二劃

《發展與目的》（*Development and Purpose*）
斯賓塞（Herbert Spencer）
斯圖亞特王朝（The Stuarts）
斯特林（Sterling）
喬治三世（George III）
喬治二世（George II）
黑人（Negro）
開普殖民地（Cape Colony）
都鐸王朝（The Tudors）
最大快樂原則（The Greatest Happiness Principle）
普萊斯（Place）
華爾克（Walker）

猶太人（Jews）
湯因比（Toynbee）
費邊社（Fabian Society）
絕對主權學說（The Doctrine of Absolute Sovereignty）
殖民帝國（Colonial Empire）

十三劃

達爾文（Charles Darwin）
義大利（Italy）
聖彼得（St. Peter）
《聖經》（*Bible*）
聖喬治海峽（St George's Channel）
農奴制（Serfdom）
愛爾蘭（Ireland）
新教徒（Protestant）
新聯合主義（New Unionism）
詹姆斯・彌爾（James Mill）

十四劃

《認識論》（*The Theory of Knowledge*）
維多利亞女王（Queen Victoria）

十五劃

潘恩（Paine）
輝格黨（Whig）
《穀物法》（*Corn Laws*）
鴉片戰爭（Opium War）
《魯賓遜漂流記》（*Robinson Crusoe*）
《論英雄、英雄崇拜和歷史上的英雄事蹟》（*On Heroes, Hero-worship & the Heroic in History*）
養老金（old age pensions）
《養老金法》（*Old Age Pensions Act*）

十六劃

盧梭（Rousseau）

穆斯林（Mahommedan）

穆罕默德（Mahomet）

激進個人主義（Radical Individualism）

激進主義（Radicalism）

機械社會主義（Mechanical Socialism）

十七劃

彌爾（Mill）

謝夫茨布萊勳爵（Lord Shaftesbury）

《濟貧法》（*Poor Law*）

聯合王國（United Kingdom）

優生學家（Eugenicist）

十九劃

羅馬（Rome）

羅馬廣場（Rome Forum）

邊沁（Bentham）

二十二劃

權力原則（principle of authority）

《權利請願書》（*Petition of Right*）

經典名著文庫 030

自由主義
Liberalism

文庫策劃 —— 楊榮川
作　　者 —— 倫納德・特里勞尼・霍布豪斯（Leonard Trelawney Hobhouse）
譯　　者 —— 朱曾汶
編輯主編 —— 劉靜芬
責任編輯 —— 呂伊眞、林佳瑩
封面設計 —— 姚孝慈
著者繪像 —— 莊河源
出 版 者 —— 五南圖書出版股份有限公司
發 行 人 —— 楊榮川
總 經 理 —— 楊士清
總 編 輯 —— 楊秀麗
地　　址 —— 臺北市大安區 106 和平東路二段 339 號 4 樓
電　　話 —— 02-27055066（代表號）
劃撥帳號 —— 01068953
戶　　名 —— 五南圖書出版股份有限公司
網　　址 —— https://www.wunan.com.tw
電子郵件 —— wunan@wunan.com.tw
法律顧問 —— 林勝安律師
出版日期 —— 2019 年 3 月初版一刷
　　　　　　 2025 年 8 月二版一刷
定　　價 —— 280 元

國家圖書館出版品預行編目資料

自由主義 / 倫納德 . 特里勞尼 . 霍布豪斯 (Leonard Trelawney Hobhouse) 著 ; 朱曾汶譯 . -- 二版 . -- 臺北市 : 五南圖書出版股份有限公司 , 2025.08
面 ; 公分
ISBN 978-626-423-596-9(平裝)

1.CST: 自由主義

570.112　　114008900